W0286988

Kürbiscremesuppe · *Rezept S. 18*

Klachelsuppe · ***Rezept S. 12***

Christoph Wagner
Renate Wagner-Wittula

Steiermark

SCHILCHER, STERZ UND WURZELFLEISCH

Das Österreichische Kuchlkastl

Pichler Verlag

Bildnachweis

Lois Lammerhuber: 1
Gerhard Trumler: Umschlagfoto (Südsteiermark)
Ulrike Köb: 81
Gusto-Archiv/Stefan Liewehr: 2/3, 21, 42/43, 44, 62/63, 82/83, 101
Gusto-Archiv/Das Foto: 4, 22/23, 24 (Umschlagfoto), 102/103
Gusto-Archiv/Trizeps: 41, 84
Gusto-Archiv/Dieter Brasch: 61, 64
Gusto-Archiv/Eisenhut&Mayer: 104
Umschlagfoto hinten: Johannes Kittel

ISBN 3-85431-229-6
© 2001 by Pichler Verlag GmbH & Co KG, Wien
Alle Rechte vorbehalten
Pichler Verlag im Internet: www.pichler.co.at

Lektorat: Jürgen Ehrmann
Umschlag- und Buchgestaltung: Bruno Wegscheider

Reproduktion: Eurografik, Wien
Bildbearbeitung: Karl Hör
Druck: Elbemühl, Wien
Bindung: Ueberreuter, Korneuburg

Inhalt

FLEISCH UND WILD

NACHSPEISEN

Schilcher, Sterz und Wurzelfleisch

Deftig, würzig, steirisch. Die Grüne Mark hat unter Österreichs Bundesländern heute den Ruf, das Schlaraffenland schlechthin zu sein, ja sie wird oft sogar als „Bauch von Österreich“ bezeichnet. Dass dem so ist, verdanken die Steirer wie so vieles andere auch dem legendären Erzherzog Johann. Der wegen seiner Volksverbundenheit bis heute populäre jüngere Bruder Kaiser Franz I. startete von seinem Musterlandgut in Pickern bei Marburg – das damals noch zur Steiermark gehörte – nämlich eine umfassende agrarwirtschaftliche Offensive und gilt mit Recht als der Erneuerer der steirischen Landwirtschaft. So experimentierte er in dem damals als „Armenhaus Österreichs“ geltenden Kronland beispielsweise mit der Rinderzucht und darf daher als Vorkämpfer für das mittlerweile berühmte „Styria-Beef“ gelten. Und dass heute in der Steiermark neben großen Obstkulturen auch zahlreiche Feldgemüse wie Käferbohnen, Kren, Kraut, Chinakohl, Tomaten, Kopfsalat, Paprika, Gurken, Radieschen und zahlreiche Heil- und Küchenkräuter gedeihen, darf ebenfalls als spätes Vermächtnis des leutseligen Habsburgers gelten.

Dabei hat man es in der Steiermark geschickt verstanden, agrarischen „Großtechnologien“ gezielt aus dem Weg zu gehen. Landwirtschaftliche Klein- und Kleinstbetriebe mit etwa 20 Hektar Nutzfläche überwiegen – und tragen besonders im Süden und Osten des Landes dazu bei, das von den Touristik-Managern verpasste Image einer „österreichischen Toskana“ auch tatsächlich zu rechtfertigen.

Was der Toskana ihr „Olio Extra Vergine“, das ist der Steiermark zweifellos das aus dem von Christoph Kolumbus nach Europa gebrachten Ölkürbis (Cucurbita pepo) gewonnene Kernöl, das – vor allem als Salatmarinade – zu den Leitmotiven der steirischen Küche zählt und dessen Produktion erstmals 1735 erwähnt wurde.

Aber damit nicht genug. Der türkische „Waiz“ oder „Woaz“ – wie man hierzulande den Mais nennt – zählt ebenso dazu wie der Buchweizen, die Grundlage des klassischen „Hoadnsterz“ oder Heidensterz, der gerne in Kombination mit der berühmten „Klachelsupp’n“, einer gebundenen Suppe mit Schweinshaxeln, serviert wird. Kulinarisches steirisches „Urgestein“ sowie unentbehrlicher Bestandteil jeder steirischen Heurigenjause ist das „Verhackert“ aus faschiertem Speck. Und bereits in der Donaumonarchie legendär waren die wohl gemästeten steirischen Poularden, die auch heute noch die Grundlage für das geradezu

als Nationalkost geltende schmalzgebackene „Backhendl“ bilden, bei dem obligatorisch auch die Innereien mitserviert werden müssen.
Das „steirische Klima“ erwies sich besonders während der letzten beiden Jahrzehnte als in kulinarischer Hinsicht äußerst ergiebig. Nicht zufällig nahm die Erweckung der österreichischen Käsekultur aus einem jahrhundertelangen Dornröschenschlaf nicht von Tirol oder Vorarlberg, sondern – mit hervorragenden Produkten wie Steirerkas, Trautenfelser Blauschimmelkäse oder Gaishorner Emmentaler – von der Steiermark ihren Ausgang. Und ebenfalls nicht zufällig heißt Österreichs heute wohl weltweit berühmtestes Feinschmecker-Restaurant, auch wenn es (vom Steirer Heinz Reitbauer) in Wien geführt wird, kurz und bündig „Steirereck.“
In diesem insgesamt recht steiermark-freundlichen Klima konnten während der letzten Jahre auch hoch qualitative Produkte entstehen. Sulmtaler Lämmer und Forellen sind ebenso zum Begriff geworden wie süd- oder weststeirische Karpfen, Amure, Welse, Schleien und Hechte, zu deren Förderung in Deutschlandsberg sogar ein eigener „Verband der Teichwirte“ gegründet wurde.
An typisch steirischen Gerichten herrscht bei einer solchen Produktpalette also kein Mangel. Und dass Graz bereits im 17. Jahrhundert als Zentrum der Kochbuch-Literatur galt – hier wurde 1686 das berühmte „Grätzerische Kochbuch“ verlegt – tat ein Übriges dazu, dass simple Bauernküche und gutbürgerliche urbane Kochkunst einander nicht im Weg standen, sondern sich gegenseitig befruchten konnten.
Vor allem ist es jedoch der steirische Wein, der die steirische Küche nicht nur inspiriert, sondern ihr auch bis nach Kalifornien und Hongkong internationales Ansehen verschafft hat. Trotz seiner geringen Ertragsfläche bringt das steirische Weinland im Südosten immer wieder internationale Spitzenkreszenzen der Sorten Sauvignon Blanc, Morillon und Traminer hervor. Die Weststeiermark wiederum ist für den autochthonen, so säurestarken wie zwiebelfarben schillernden Schilcher aus der Blauen Wildbacherrebe berühmt, der gemeinsam mit dem Kernöl zu den wesentlichen Lebenssäften der Steiermark zählt, zu denen sich in letzter Zeit auch noch ein dritter gesellt hat: der edle Obstbrand, der nach einer echten steirischen Mahlzeit allein schon deswegen unerlässlich ist, weil in der Grünen Mark, aller Verfeinerung zum Trotz, halt immer noch deftig, würzig und steirisch gekocht wird.

Die Rezepte

Wenn nicht anders angegeben, beziehen sich die Mengenangaben auf vier Personen.

Suppen

Klachelsuppe

Zutaten

1 kg Schweinshaxen
(am besten vom Fleischhauer
bereits in Stücke gehackt)
ca. 1 1/2 l Wasser
1 Bund Suppengemüse
6–8 Wacholderbeeren
6–8 Pfefferkörner
1 Lorbeerblatt
1/2 Zwiebel
nach Belieben eine Prise Majoran
100 ml Schmand
(Crème fraîche
oder etwas mehr Sauerrahm)
1 EL Mehl
Schuss Essig
Salz
Pfeffer

Zubereitung

Die Schweinshaxen unter fließendem Wasser waschen und in ausreichend viel kaltem Wasser aufstellen. Suppengemüse, Wacholderbeeren, Pfefferkörner, Lorbeerblatt, Zwiebel sowie nach Belieben Majoran hinzufügen und alles so lange kochen, bis das Fleisch leicht vom Knochen zu lösen ist.
Die Haxen herausheben, Fleisch loslösen und in mundgerechte Bissen schneiden. Suppe abseihen und wieder aufkochen lassen.
Den Schmand mit dem Mehl gut glatt rühren und in die Suppe einrühren, dabei kräftig mit dem Schneebesen rühren, damit sich keine Klümpchen bilden. Suppe auf die gewünschte Molligkeit einkochen lassen und abschließend mit einem Schuss Essig, Salz und Pfeffer abschmecken.
Klein geschnittenes Fleisch wieder in die Suppe geben und nochmals kurz erwärmen. Fertige Klachelsuppe in Tellern oder Schalen anrichten und auftragen.

Unser Tipp

Wenn Sie dieses Rezept ganz original zubereiten wollen, so servieren Sie einen kräftigen Heidensterz dazu, womit aus der Vorspeise auch schon eine sättigende Zwischenmahlzeit wird. Es kann allerdings auch knusprig geröstetes Weißbrot dazu gereicht werden.

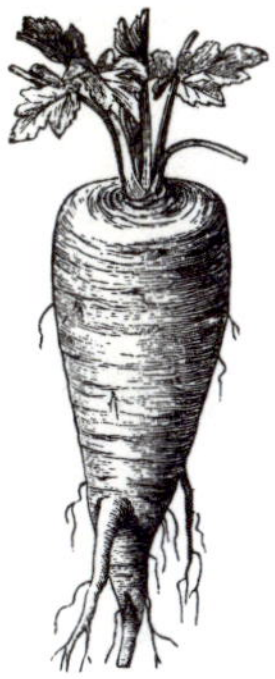

Gut geklachelt ist noch kein Klachel

In vielen Kochbüchern wird heutzutage statt Schweinshaxen einfach von „Klacheln" geschrieben. Das Wort „Klachelsuppe" geht jedoch in Wahrheit keineswegs auf die Fleischeinlage zurück, sondern darauf, dass es sich um eine „geklachelte", eine versprudelte Cremesuppe handelt, in die man dann Haxelfleisch als Einlage gab. Die Suppe wurde in der Steiermark allerdings im Lauf der Zeit so populär, dass man die Schweinshaxeln mittlerweile, ganz im Widerspruch zur sprachlichen Herkunft des Wortes, selbst als „Klacheln" bezeichnet.

Zellerrahmsuppe

Zutaten

1 El Butter
1 Zwiebel, 1 Sellerieknolle
100 ml steirischer Welschriesling
3/4 l kräftige Rindsuppe
100 ml Schlagobers
Salz, Pfeffer
evtl. 1 El Maisstärke
2 EL frisch gehackte Kräuter
(Petersilie, Schnittlauch etc.)
Weißbrotcroûtons als Einlage

Zubereitung

Butter in einem großen Suppentopf zergehen lassen und kleinwürfelig geschnittene Zwiebel sowie Selleriewürfel darin etwas Farbe nehmen lassen. Den Wein angießen und so lange einkochen lassen, bis das Gemüse die Flüssigkeit völlig aufgesogen hat. Rindsuppe zugießen und auf kleiner Flamme köcheln lassen, bis die Selleriewürfel weich sind. Alles mit dem Mixstab cremig mixen sowie mit Schlagobers, etwas Salz und Pfeffer abschmecken und auf die gewünschte Konsistenz einkochen. Ist die Suppe nicht sämig genug, noch mit etwas Maisstärke binden. Die Zellerrahmsuppe mit frischen Kräutern und Weissbrotcroûtons bestreut heiß servieren.

Schwammsuppe

Zutaten

400–500 g Eierschwammerln
(ersatzweise auch andere frische
Wald- bzw. Zuchtpilze)
2 Frühlingszwiebeln
1–2 EL Butter
2 EL Mehl
1 l Wasser
Salz
Pfeffer
150 ml Sauerrahm
gehackte Petersilie zum Garnieren

Zubereitung

Geputzte Eierschwammerln in mundgerechte Stücke schneiden, Frühlingszwiebeln fein hacken und beides zusammen kurz in heißer Butter anrösten. Mehl darüber stauben, durchrösten, mit Wasser aufgießen und etwa 20 Minuten gut durchkochen lassen. Mit Salz und frisch geschrotetem Pfeffer würzen. Sauerrahm glatt rühren, unter ständigem Rühren in die Schwammerlsuppe mengen und einige Minuten aufkochen. Sollte die Suppe noch nicht die gewünschte Molligkeit besitzen, nochmals wenig Mehl mit etwas Wasser verrühren und mitkochen lassen. Suppe gegebenenfalls noch abschmecken, anrichten und vor dem Servieren mit gehackter Petersilie garnieren.

Unser Tipp

Noch etwas raffinierter schmeckt diese Suppe, wenn man einen Teil der Schwammerln beiseite legt und diese dann erst knapp vor dem Servieren kurz in Butter bissfest andünstet und unter die fertige Suppe mengt. Statt Eierschwammerln können übrigens auch andere Speisepilze oder getrocknete Pilze verwendet werden, die dann – nicht zuletzt aus Kostengründen – oft und gerne auch mit mitgekochten Erdäpfeln kombiniert werden.

Woazsupp'n (Polentasuppe)

Zutaten

20 g getrocknete Steinpilze
50 g nicht zu fetter Speck
2 Frühlingszwiebeln
2 EL Butterschmalz
70 g Maisgrieß
1 l Rindsuppe
150 ml Schmand (Crème fraîche)
Salz
Pfeffer aus der Mühle
gehackter Schnittlauch zum Bestreuen

Zubereitung

Getrocknete Pilze in wenig warmem Wasser einweichen. Speck in kleine Würfel schneiden, Frühlingszwiebeln sehr fein hacken und beides in heißem Butterschmalz hell anrösten. Maisgrieß einstreuen, durchrühren, rasch mit der heißen Rindsuppe aufgießen. Eingeweichte Pilze samt Wasser zugeben und alles mindestens 20 Minuten einkochen lassen. Währenddessen wiederholt umrühren, damit sich die Suppe nicht anlegt. Gewünschte Molligkeit der Suppe regulieren, indem man noch etwas Suppe zugießt oder die Suppe einkochen lässt. Glatt gerührten Schmand in die Suppe mengen, nochmals durchkochen lassen und abschließend mit Salz und Pfeffer abschmecken. Vor dem Servieren mit gehacktem Schnittlauch bestreuen.

Unser Tipp

Statt Speck können auch bissfest gekochte Gemüse wie Erbsen, Karotten etc. oder kleine Selchfleischwürfel mitserviert werden. Wer sich dem Originalrezept annähern möchte, der koche die Suppe eher als Brei und gieße statt mit Suppe mit süßer oder saurer Milch auf.

Steirische Kernspaltung

Wenn im steirischen Preding gewählt wird, dann verblasst jeder Nationalratswahlkampf zum schüchternen Schlagabtausch. Unter Berufung auf eine alte Legende wird in der kleinen oststeirischen Ortschaft nämlich alle drei Jahre der „Kürbisbürgermeister" durch ein höchst seltsames Wahlverfahren inthronisiert. Die Kandidaten für dieses ehrenvolle Amt sitzen unter einem Baum rund um einen Tisch voller Maisbrei. Der in der Baumkrone sitzende Gemeindediener lässt auf Kommando einen Kürbis von oben auf den Tisch platschen, und jener „Politiker", der davon die meisten Spritzer abbekommt, ist der kommende Predinger Kürbisbürgermeister.

Der Kürbis, der für dieses fleckenträchtige Ritual verwendet wird, ist nicht irgendein Kürbis, sondern ein Ölkürbis der Sorte Cucurbita pepo, exakt: „Cucurbita pepo L. convar. pepo var. styriaca GREB", und somit eine echte Rarität in der großen, weltweit rund 800 Sorten umfassenden Kürbisfamilie.

Kaum zu glauben, dass das heute so begehrte Kürbisfleisch noch vor gar nicht so langer Zeit fast ausschließlich an die Schweine verfüttert wurde. Auch das lange Zeit als „steirische Wagenschmiere" belachte Kürbiskernöl gelangte erst im Laufe des 20. Jahrhunderts vom Arzneischrank, wo es als billiges Hausmittelchen gegen Blasenleiden aufbewahrt wurde, in die Speisekammer, in der es nunmehr zu einer unentbehrlichen Zutat der steirischen Kochkunst geworden ist und mittlerweile auch in Delikatessenläden zwischen Hamburg, Berlin, London und New York zu Höchstpreisen notiert. Der steirische Kürbis hat Karriere gemacht.

Kürbiscremesuppe

Zutaten

600 g möglichst intensiv gelbes Kürbisfleisch
1 Zwiebel
2 EL Butterschmalz
1 El Mehl
1/16 l steirischer Welschriesling
(oder ein anderer trockener Weißwein)
3/4 l Rindsuppe
1/4 l Schlagobers
Salz
Pfeffer
Muskatnuss
2 EL Kürbiskerne
etwas Fett zum Rösten
Kürbiskernöl zum Garnieren

Zubereitung

Das Kürbisfleisch von weißen Fädchen und allfälligen Kernen befreien und in kleine Würfel schneiden. Zwiebel ebenfalls klein schneiden, in heißem Butterschmalz hell anrösten und Kürbiswürfel dazugeben. Alles einige Minuten durchrösten lassen.

Etwas Mehl darüber streuen, gut umrühren und mit Weißwein aufgießen. Rindsuppe und Schlagobers zugießen, mit Salz und Pfeffer würzen, nochmals gut durchmischen und alles zugedeckt eine gute 1/2 Stunde dünsten lassen.

Ist der Kürbis weich, durch ein Sieb passieren oder mit dem Mixstab pürieren. Suppe wieder langsam erhitzen, mit einer Prise Muskatnuss abschmecken und sämig einkochen lassen.

Währenddessen die Kürbiskerne in wenig Fett oder in einer Teflonpfanne fettfrei langsam rösten (Achtung: Die Kerne werden rasch dunkel!). Fertige Suppe portionsweise anrichten, mit den gerösteten Kürbiskernen bestreuen, etwas Kürbiskernöl darüber gießen und mit einem Messer schwungvoll durchrühren, damit ein dekoratives Muster entsteht.

Sofort servieren.

Unser Tipp

Sollten Sie kein gelbes, sondern eher blasses Kürbisfleisch verwenden, so zaubern Sie mit 1 bis 2 Eidottern, die Sie kurz vor dem Servieren unterrühren, aber nicht mehr mitkochen lassen, etwas Gelb in Ihre Suppe.

Klare Kürbiskrautsuppe

Zutaten

1/4 kg Kürbisfleisch
200 g Schinken
2 EL Butter
1 EL frisch gehackter
(oder 1 Messerspitze getrockneter)
Estragon bzw. Majoran
Salz
Pfeffer
1 l heiße Rind- oder Gemüsesuppe

Zubereitung

Das Kürbisfleisch in krautartige Streifen und Schinken kleinwürfelig schneiden. Butter in einer Kasserolle erhitzen. Zunächst die Schinkenwürfel zart anrösten, dann das Kürbiskraut hinzufügen und glasig dünsten. Mit Estragon bzw. Majoran würzen, wenig salzen und pfeffern. Das Kürbiskraut auf vier Suppenteller verteilen und mit der kochenden Suppe übergießen

Sulmtaler Poulardensuppe

Zutaten

1/2–3/4 kg Poulardenjunges
(Hals, Magen, Flügerl, Leber) oder 1/2 Suppenhuhn
1 Bund Suppengemüse, 1 kleine Zwiebel
2 EL Butter, 2 EL Sauerrahm
1 EL Mehl
Salz, Pfeffer
Muskatnuss
Weißbrotwürfel
Butter zum Anrösten
gehackte Petersilie

Zubereitung

Das gewaschene Poulardenjunge ohne Leber bzw. das Suppenhuhn mit dem Suppengemüse und der Zwiebel in ausreichend viel kaltem Wasser aufstellen und mindestens 1 Stunde kochen lassen. Knapp vor Ende der Garzeit Leber dazugeben und so lange mitkochen lassen, bis sie gar ist. Suppe abseihen, Fleisch von den Knochen lösen und alles in mundgerechte Stücke schneiden, Suppengemüse in ganz kleine Würfel schneiden. In einem Topf die Butter schmelzen lassen, Mehl einstreuen, kurz durchrösten und Hühnerfleisch sowie Gemüse untermengen. Mit etwa 1 l Hühnersuppe aufgießen und unter ständigem Rühren gut einkochen lassen. Glatt gerührten Sauerrahm einmengen, nochmals einige Minuten kochen lassen und mit Salz, Pfeffer und geriebener Muskatnuss abschmecken. Währenddessen in einer Pfanne die Weißbrotwürfel in heißer Butter anrösten. Fertige Suppe anrichten, mit gehackter Petersilie und Weißbrotcroûtons bestreuen und sofort servieren.

Unser Tipp

Möchte man das Suppengemüse lieber knackig, so empfiehlt es sich, ein zweites Suppengrün gesondert in Salzwasser bissfest zu kochen und dieses dann, eventuell auch mit gekochten Erbsen, der fertigen Suppe beizugeben.

Schwammsuppe · *Rezept S. 15*

Heidensterz · *Rezept S. 39*

Schwammerlsterz · *Rezept S. 39*

Zwischengerichte und Beilagen

Ochsencarpaccio mit Kernölmayonnaise

Zutaten

400 g Ochsenfilet (Lungenbraten) vom Styria-Beef
Salz, Pfeffer

Für die Kernölmayonnaise:
1 Scheibe Weißbrot oder Toast
etwas Milch zum Weichen
1 gepresste Knoblauchzehe
1 Eidotter
1 Schuss Apfelessig
1/8 l Bauernkernöl
1 EL geröstete Kürbiskerne

Zubereitung

Das Ochsenfilet mit einer Schneidemaschine in hauchdünne Scheiben schneiden oder – so man es mit der Hand schneidet – unter einer Folie hauchdünn ausklopfen. Die Fleischscheiben leicht überlappend auf vier Teller drapieren, salzen und pfeffern. Für die Kernölmayonnaise das Weißbrot entrinden und in etwas Milch einweichen. In einer Schüssel das ausgedrückte Brot mit Knoblauch, Salz und Eidotter vermengen und mit einem Stabmixer aufschlagen. Mit Apfelessig abschmecken und die Masse 1/4 Stunde ziehen lassen. Nun unter ständigem Rühren zuerst ganz wenig, dann in kleinem Strahl das Kernöl einfließen lassen und so lange weiterrühren, bis die Masse einer Mayonnaise ähnelt. Abschließend nochmals mit Salz und Pfeffer abschmecken. Die fertige Mayonnaise in einen Spritzsack füllen und gitterförmig über die Fleischscheiben auftragen sowie mit gerösteten und gesalzenen Kürbiskernen bestreuen.

Unser Tipp

Das Fleisch lässt sich leichter hauchdünn schneiden, wenn man das Filet zuvor etwa 1 Stunde im Gefrierfach tiefkühlt.

Gröbminger Maibutter

Zutaten

**1/4 kg Sommerbutter allererster Qualität,
noch besser ist eine gute, frische Bauernbutter
1 Bund Frühlingszwiebeln
4 EL gemischte Frühlingskräuter
(Bärlauch, Schnittlauch, Zitronenmelisse,
Kuttelkraut, Kerbel, Sauerampfer,
Petersilie, Estragon etc.)
1 Bund Radieschen, 4 Laugenbrezen**

Zubereitung

Die Butter mit den gehackten Frühlingszwiebeln sowie den ebenfalls fein gehackten Kräutern gut vermengen und so lange durcharbeiten, bis die Butter eine grünliche Farbe angenommen hat. Zu einer Rolle formen und Butter kalt stellen.

Vor dem Auftragen in runde Scheiben schneiden und mit Radieschen sowie Laugenbrezen servieren.

Steirischer Liptauer

Zutaten

100 g Speisetopfen höherer Fettstufe
100 g Schmand (Crème fraîche)
100 g fein geriebener steirischer Emmentaler
(z. B. Gaishorner Auslese)
100 g Österkron
(oder ein anderer steirischer Edelschimmelkäse)
100 g Butter
1–2 EL fein gehackte Gewürzgurken
3–4 EL fein gehackter Lauch
1 Messerspitze Senf
Salz
1–2 EL edelsüßer Paprika
1 EL fein gehackter Schnittlauch zum Bestreuen

Zubereitung

Alle Zutaten mit einer Gabel oder in einem Mixer gut durchmengen, erst am Schluss mit Paprika und Salz würzen. Kalt stellen und mit frischem, fein gehacktem Schnittlauch bestreut servieren.

Ochsenschwanzaufstrich

Zutaten

800 g fetter Selchspeck
ca. 1–1 1/4 kg in größere Stücke gehackter Ochsenschwanz
Pflanzenöl zum Anbraten, 100 ml Apfelbalsamicoessig
200 ml Zweigelt
1/2 l kräftige Rindsuppe
1 Zweiglein Thymian
2 Knoblauchzehen
1 EL Tomatenmark
Salz und Pfeffer aus der Mühle
gehackte frische Kräuter nach Belieben
geröstete Vollkornbrotscheiben

Zubereitung

Speck von der Schwarte befreien und feinwürfelig hacken. Ochsenschwanzstücke in einer Pfanne mit etwas Pflanzenöl von beiden Seiten kräftig anbraten, Speckwürfel hinzufügen, anrösten und mit Apfelessig, Zweigelt und Rindsuppe aufgießen. Thymian und leicht angedrückte Knoblauchzehen hinzufügen, Tomatenmark unterrühren, Deckel aufsetzen und etwa 4 Stunden lang bei geringer Hitze schmoren, bis sich das Fleisch mühelos und alleine durch Fingerdruck von den Knochen lösen lässt. Fleisch auslösen, entweder fein hacken oder in der Küchenmaschine zerkleinern. Die Fasern sollten dabei jedoch erhalten bleiben, es darf kein Fleischbrei entstehen, die einzelnen Fleischfasern sollen deutlich spürbar bleiben. Fleischmasse abermals aufkochen, mit Salz, Pfeffer und Kräutern abschmecken. Wenn die Masse lauwarm ist, geröstete Vollkornbrotscheiben damit bestreichen und sofort servieren. Oder die Masse in Einsiedegläser füllen, wo man sie vor dem Verschließen noch mit etwas Schweineschmalz oder Gänsefett „zuschmiert“.

Unser Tipp

Man kann dieses Rezept auch hervorragend mit Gänse- oder Entenfleisch zubereiten.

Schweinshaxelsulz

Zutaten

1 1/2 kg Schweinshaxeln
1/2 kg Kalbsknochen, 1/2 kg Rindsknochen
1/2 kg Wurzelwerk,
1 EL Butter
2 mittlere weiße Zwiebeln
100 ml steirischer Welschriesling
Zitronenschale
1 EL klein gehackte Petersilie
2 hart gekochte Eier
2 große rote Zwiebeln
1 EL Apfelessig
2 EL Kürbiskernöl
Salz, Pfeffer aus der Mühle

Zubereitung

Schweinshaxeln, Knochen und Wurzelwerk mit Wasser bedecken und so lange kochen, bis das Fleisch weich ist. Haxeln abseihen und (eventuell unter fließendem Kaltwasser) abkühlen. Den Sud aufheben. Das Fleisch von den Knochen lösen und, ebenso wie die Gemüse, würfelig schneiden.
Die Butter in einer Kasserolle auf kleiner Flamme schmelzen lassen, die gehackten Zwiebeln darin Farbe nehmen lassen, den Welschriesling angießen, das klein geschnittene Wurzelwerk und das Fleisch dazugeben. Alles einkochen lassen, bis die Flüssigkeit so gut wie verdampft ist. Mit Salz, geriebener Zitronenschale und Petersilie würzen, mit dem verbliebenen Sud aufgießen und noch einmal aufkochen lassen.
Eine Schüssel mit in Scheiben geschnittenen Eiern auslegen. Die gesulzte Flüssigkeit in diese Schüssel gießen und bei Zimmertemperatur abkühlen lassen. Erst dann in den Kühlschrank stellen. Wenn die Masse fest ist, die Sulzschüssel an der Unterseite mit etwas heißem Wasser überspülen.
Die Sulz an den Rändern mit einem Messer vorsichtig lockern, stürzen, portionieren und mit roten Zwiebelringen, Apfelessig und Kürbiskernöl servieren. Mit Salz und geschrotetem Pfeffer abschmecken.

Unser Tipp

Wenn Sie die Gemüse lieber knackig haben, so kochen Sie zusätzlich zum Wurzelwerk eine Rübe, etwas Sellerie und Petersilwurzel extra bis zur gewünschten Knackigkeit und fügen diese Gemüse statt der mitgekochten anderen der Sulz zu. Sollten Sie nicht genügend Knochen zur Verfügung haben, so können Sie die Sulz auch, je nach Bedarf, mit einigen Blatt Gelatine gelieren lassen.

Steirischer Küchenjodler

Spätestens seit Erzherzog Johann weiß man, dass die Steirer allem, was sie wirklich lieben, einen Jodler widmen. So selbstverständlich auch der steirischen Küche, deren Wesen ein Jodler aus einem Steirischen Volksliederbuch des Jahres 1894 ebenso treffend wie hochmusikalisch auf den Punkt bringt: „An Knödl und a Fleisch und a Koch und an Sterz, dia holdi e dia holdi e ri di e ri di e dia holdi e dia holdi e juch! du li i.“

Reinischkogler Maronisalat*

Zutaten

1/2 kg Maroni
(Edelkastanien)
4 große, bissfeste Äpfel
(z. B. Gravensteiner)
Saft einer Zitrone
1 Stangensellerie
2 EL Walnussöl
1 EL Apfelmostessig

Zubereitung

Maroni kreuzweise einschneiden, in Wasser weich kochen und schälen. Kurz überkühlen lassen und in möglichst dünne Scheiben schneiden. Äpfel entkernen, schälen, ebenfalls in Scheiben schneiden und, damit sie sich nicht verfärben, mit Zitronensaft beträufeln. Selleriestange in dünne Scheiben schneiden und mit Maroni und Äpfeln vermischen. Aus Walnussöl und Apfelmostessig eine Marinade anrühren, unter den Maronisalat mengen, etwa 20 Minuten gut durchziehen lassen und servieren.

Unser Tipp

Wenn man dem Salat auch noch einige geschälte, grob gehackte Walnüsse hinzufügt, schmeckt er noch feiner.

*Dieses Rezept haben die Autoren beim berühmten „Jagawirt“ in Sommereben am Reinischkogel kennen gelernt.

Maroni und Schilchersturm

Da sich die Zeit der Weinlese mit jener der Maronireife geradezu glückhaft überschneidet, steht die weststeirische Herbstidylle alle Jahre wieder im Zeichen jener schweren, gusseisernen Kastanienpfannen, in denen die kleinen Objekte der Begierde über der Holzkohlenglut munter herumhüpfen, während der zwiebelrot leuchtende Schilchersturm dekorativ in der untergehenden Abendsonne schimmert.

„Eine Allianz, die eine Vorahnung des lukullischen Elysiums auslöst", hat der steirische Dichter Reinhard Peter Gruber diese kulinarische Begegnung der einfachsten Art einmal genannt. Und wer wollte ihm da schon ernsthaft widersprechen?

Erdäpfelsalat mit Kernöl

Zutaten

3/4 kg speckige Erdäpfel
(Kipfler)
300 ml Rindsuppe
1 rote Zwiebel
5–6 EL Kürbiskernöl
4 EL Apfelessig
Salz
Pfeffer
frische Kräuter
(Brunnenkresse, Schnittlauch etc.)
zum Bestreuen

Zubereitung

Erdäpfel in der Schale weich kochen, abseihen, noch heiß schälen und in dünne Scheiben schneiden (am besten hinein, wodurch sie nicht aneinander kleben bleiben). Zwiebel klein hacken und mit Kürbiskernöl, Essig, Salz und Pfeffer zu einer Marinade verrühren. Marinade unter die Erdäpfel mengen und den Salat so lange rühren, bis er schön sämig geworden ist. Mit einer Klarsichtfolie abdecken und 1 Stunde kühl ziehen lassen. Vor dem Servieren mit frisch gehackten Kräutern garnieren.

Unser Tipp

Wenn Sie den Salat zu einer möglicherweise ohnehin schon recht üppigen Speise – etwa einem steirischen Backhendl – servieren, reduzieren Sie den Erdäpfelsalat um die Hälfte und mischen stattdessen frischen Vogerlsalat darunter.

Ennstaler Steirerkaskrapfen

Zutaten

1/2 kg Roggenmehl
Salz
1/2 l Magermilch
etwas Buttermilch zum Verfeinern
Butterschmalz zum Ausbacken
1/4 kg Ennstaler Steirerkas
(ersatzweise Graukäse)
zum Bestreuen

Zubereitung

Das gesiebte Mehl salzen und mit der Magermilch sowie etwas Buttermilch zu einem festen Teig kneten, den man danach 1/2 Stunde im Kühlschrank rasten lässt. Danach formt man den Teig zu einer Rolle, aus der man Stücke von ca. 4 cm Dicke schneidet. Jedes dieser Stücke wird dann auf einer bemehlten Arbeitsfläche zu einem etwa 2 mm dicken Teigfleck ausgewalkt, der anschließend schwimmend in heißem Butterschmalz beidseitig ausgebacken wird, bis er eine schöne braune Farbe bekommt. Die gebackenen Flecken werden mit abgebröseltem Ennstaler Steirerkas bestreut, von allen Seiten her zusammengeschlagen und heiß serviert.

Unser Tipp

Man kann diese typischen Almkrapfen selbstverständlich auch mit heißem Speck, Fleischresten oder aber auch mit Marmelade und Zucker füllen.

Muskatellerkraut auf Seggauer Art

Zutaten

3/4 kg Weißkraut
Salz
Kümmel
80 ml Rindsuppe
80 ml steirischer Muskateller
1 Messerspitze Zucker
1 EL Schweineschmalz
200 g Hühnerherzen
50 g Grammeln

Zubereitung

Das Weißkraut mit einem Hobel fein schneiden, salzen, mit Kümmel würzen und etwa 1/4 Stunde ziehen lassen. Suppe und Muskateller kurz aufkochen lassen, leicht zuckern und das Kraut damit übergießen. Das Kraut beiseite stellen und inzwischen in einer Pfanne Schweineschmalz erhitzen. Die halbierten Hühnerherzen langsam darin braten und, sobald diese durch sind, die Grammeln hinzufügen. Herzen und heiße Grammeln unter das Kraut mischen und dieses lauwarm servieren.

Predinger* Kürbiskernweckerln

Zutaten

50 g Kürbiskerne, 3 EL Kürbiskernöl
20 g Germ
1 Messerspitze Zucker
200 ml lauwarme Milch
200 ml Wasser
1/4 kg Hartweizenmehl
100 g Weizenvollkornschrot
1 TL Fenchelsamen
1 TL Salz, Pfeffer aus der Mühle
nach Belieben Kürbiskerne zum Bestreuen

Zubereitung

Die Kürbiskerne ohne Fett in einer Pfanne kurz anrösten und anschließend grob hacken. In einer großen Schüssel Germ und Zucker in etwas mit Wasser verdünnter, lauwarmer Milch auflösen und gut verrühren. Etwas Mehl darüber streuen und zugedeckt an einem warmen Ort aufgehen lassen, bis die Mischung Blasen wirft. Mit restlicher Milch und Wasser aufgießen sowie Mehl, Weizenvollkornschrot, Kernöl, gehackte Kürbiskerne, Fenchelsamen, Pfeffer und Salz hinzufügen. Den Teig auf einer bemehlten Arbeitsfläche gut durchkneten, bis er glatt und geschmeidig ist. Im Bedarfsfall noch etwas Wasser oder Mehl hinzufügen. Der Knetvorgang sollte nicht unter 20 Minuten dauern. Aus dem Teig ca. 10 längliche „Weckerln“ formen, nach Belieben mit ganzen oder grob gehackten Kürbiskernen bestreuen. Auf ein mit Backpapier ausgelegtes Backblech legen, mit einem feuchten Tuch bedecken und etwa 1 1/2 Stunden aufgehen lassen. In der Zwischenzeit das Backrohr auf 220 °C vorheizen und die Kürbiskernweckerln etwa 1/2 Stunde goldbraun backen. Abkühlen lassen und noch in knusprigem Zustand servieren.

* Die Ortschaft Preding versteht sich als „Welthauptstadt der Kürbiskultur“.

Verhackert

Zutaten

400 g luftgetrockneter Speck ohne Schwarte
Salz
Pfeffer
1 gepresste Knoblauchzehe
2–3 EL zerlassenes Schweineschmalz
oder Rinderkernfett
2 große Zwiebeln
1 KL Paprikapulver

Zubereitung

Den Speck in Würfel schneiden und gemeinsam mit Salz und Pfeffer im Blitzcutter zerkleinern. Eine passende Steingutform mit zerdrücktem Knoblauch und etwas Schmalz ausstreichen und den gehackten Speck einfüllen. Den Rest des Schmalzes (oder Kernfetts) erhitzen und über die Speckmasse gießen. Den Topf mit einem Tuch verschließen und ca. 3 Wochen im Kühlschrank ziehen lassen.

Mit Zwiebelringen und Paprikapulver zu (nach Wunsch auch getoastetem) Bauernbrot servieren.

Heidensterz

Zutaten

1 l Wasser
1 EL Salz
330 g Buchweizenmehl
3 EL Schweineschmalz
100 g Räucherspeck

Zubereitung

Salzwasser zum Kochen bringen. Buchweizenmehl schnell einrieseln lassen, aber dabei nicht umrühren.
Mit dem Kochlöffelstiel ein Loch in die Mitte der Sterzmasse bohren und diese 20 Minuten lang auf kleiner Flamme köcheln lassen. Das Loch bei Bedarf nachbohren.
Das Wasser nach dem Ende der Kochzeit langsam ableeren. Den Sterz mit einer Gabel lockern und mit heißem Schweineschmalz übergießen. Etwas rasten lassen und in der Zwischenzeit den feinwürfelig geschnittenen Räucherspeck „angrammeln“ (auslassen).
Den Sterz mit den Speckgrammeln übergießen und mit grünem Salat servieren.

Unser Tipp

Besonders köstlich mundet der Heidensterz, wenn man ihn vor dem Servieren noch mit kurz in Butter gerösteten Eierschwammerln oder Steinpilzen vermischt und als „Schwammerlsterz“ serviert.

Lauwarmer Kalbskopf mit Saubohnen

Zutaten

150 g Saubohnen
Salz
400 g gelierter Kalbskopf
2 EL Apfelbalsamicoessig
schwarzer Pfeffer aus der Mühle
100 g Vogerlsalat

Zubereitung

Die Saubohnen in Salzwasser weich kochen und abseihen. Etwas Kochwasser aufbewahren. Den Kalbskopf in grobe Würfel schneiden und in wenig Kochwasser auflösen, bis die Gelatine schmilzt. Den Apfelbalsamicoessig und die Saubohnen hinzufügen und auf kleiner Flamme kurz ziehen lassen, mit Salz und frisch geschrotetem Pfeffer abschmecken.
Vier Teller mit gut gewaschenem und geputztem Vogerlsalat auslegen und den Kalbskopf mit den Saubohnen darauf dekorativ anrichten.

Unser Tipp

Mit ein paar Tröpfchen Kernöl beträufelt schmeckt dieses Gericht gleich noch einmal so gut.

Verhackert · *Rezept S. 38*

Stainzer Karpfen · ***Rezept S. 50***

Truthahnbrust im Netz · *Rezept S. 58*

Kaninchenbruckfleisch auf altsteirische Art

Zutaten

Innereien von 2–3 Kaninchen
Geflügel- oder Kaninchenfond
bzw. Suppe zum Pochieren
1 kleine Zwiebel
1 EL Butter
1 KL Mehl
1/8 l Rotwein
1 EL Brombeermarmelade oder Powidl
1 EL Biskuitbrösel
Salz
Pfeffer
2 cl Brombeerlikör

Zubereitung

Die ausgelösten Innereien in heißem Fond oder Suppe kochen, bis sie gerade gar sind, herausheben und kurz überkühlen lassen. Fond aufheben. In der Zwischenzeit die klein geschnittene Zwiebel in etwas Butter kurz anziehen lassen, mit Mehl stauben sowie mit etwa 1/8 l des aufgehobenen Fonds und dem Rotwein aufgießen.
Die Flüssigkeit stark einkochen lassen und diese am Schluss mit Brombeermarmelade und Biskuitbrösel binden.
Die grob zerteilten Innereien hinzufügen, kurz mitziehen lassen, mit Salz, Pfeffer und Likör abschmecken sowie mit Serviettenknödelscheiben oder knusprigem Stangenbrot servieren.

Unser Tipp

Wer Wildhaseninnereien bekommt, kann dieses Gericht selbstverständlich auch damit zubereiten. Früher wurde dieses Gericht übrigens statt mit Brombeermarmelade oder Powidl mit Hasenblut gebunden, das zuvor mit etwas Essig versetzt wurde.

„Woachfleisch“ im Mürbteig

Für 6 Portionen

Zutaten

Für den Teig:
120 g Butter
1/4 kg glattes Mehl
1 Ei, 1–2 EL Milch
Salz
1 Eidotter zum Bestreichen des Teigs

Für die Fülle:
1 EL Estragonsenf
1 EL eingelegter Kren
ca. 800 g gekochtes Selchfleisch
(Teilsames, Rollschinken etc.)
frisch gerissener Kren zum Anrichten

Zubereitung

Aus den angegebenen Zutaten rasch einen Mürbteig zubereiten, in Klarsichtfolie hüllen und 20 Minuten im Kühlschrank rasten lassen. Den Teig zu einem großen Rechteck ausrollen, Senf mit Kren vermischen und den Teig damit bestreichen. Das Fleisch in die Mitte legen, mit dem Teig einwickeln und nach Belieben mit übrig gebliebenen Teigstreifen verzieren.
Auf ein mit Backpapier ausgelegtes Backblech legen, mit Ei bestreichen, einige Male mit einer Backnadel anstechen und etwa 40 Minuten im auf 180 °C vorgeheizten Backrohr backen. Abkühlen lassen und, in Scheiben geschnitten, mit frisch gerissenem Kren servieren.

Unser Tipp

Anstatt des Mürbteigs kann man auch einen fertigen Brotteig beim Bäcker kaufen und das halbweich gekochte Geselchte (am besten vom Schopfbraten) in denselben einschlagen. Ausgebacken wird das „Woachfleisch“ dann im Backofen, wo man pro Kilo Fleisch jeweils 1 Stunde Garzeit bei einer Backofentemperatur von 170 bis 180 °C rechnet.

Kernölnockerln mit Ei und Speck

Zutaten

Für den Teig:
1/2 kg glattes Mehl
3 Eier
3 Eidotter
200 ml Milch
1 EL Steirisches Kernöl

Für die Fertigstellung:
Salz
2–3 EL Butterschmalz
100 g fein gehackter Frühstücksspeck
8 Eier
Pfeffer
Kernöl zum Garnieren

Zubereitung

Aus Mehl, Eiern, Dottern, Milch und Kernöl einen glatten, geschmeidigen Teig rühren. Mindestens 3 Liter Salzwasser zum Kochen bringen und den Teig mit Hilfe einer Spätzlepresse oder eines Nockerlsiebes in das Wasser pressen. Währenddessen gelegentlich umrühren, damit sich nichts am Topfboden anlegt oder die Nockerln klumpen. Nockerln kurz aufkochen lassen, bis sie aufsteigen, abseihen und kalt abschrecken. In einer großen Pfanne unterdessen das Butterschmalz erhitzen, Speck hell anrösten und gut abgetropfte Nockerln untermengen. Kurz ein wenig Farbe nehmen, aber keineswegs braun und knusprig werden lassen.
In der Zwischenzeit Eier mit etwas Salz und Pfeffer verschlagen, über die Nockerln gießen und gut vermengen. Kurz anziehen lassen, bis die Eier zwar stocken, aber dennoch nicht trocken werden. Vor dem Servieren träufelt man noch ein paar Tropfen Kernöl über jede Portion. Dazu passt Vogerlsalat – natürlich ebenfalls mit Kernöl.

Fische

Gesulzter Wurzelkarpfen

Zutaten

1/2 kg Karpfenfilet mit Haut
Salz
Essig
2 Zwiebeln
1 Bund Wurzelwerk
Pfefferkörner
Lorbeerblatt
12 Blatt Gelatine
3 hart gekochte Eier
gekrauste Petersilien- und Kerbelblätter

Zubereitung

Die Karpfenfilets gut entgräten und entschuppen. Stark mit Essig aromatisiertes Salzwasser zum Kochen bringen, damit die Fischfilets übergießen und – nicht am Herd – mindestens 20 Minuten ziehen lassen.
Zwiebeln grob hacken, Wurzelwerk in Streifen schneiden, Pfefferkörner und Lorbeerblatt in ein Leinensäckchen oder Teebeutel binden und alles eine gute 1/2 Stunde in ausreichend viel Salzwasser kochen. Karpfen aus dem Essigwasser heben und im Gewürzsud etwa 15 Minuten knapp unter dem Siedepunkt ziehen lassen. Sobald der Karpfen fertig gegart ist, herausheben, eventuell nochmals entgräten und die Haut – je nach Vorliebe – entfernen oder dranlassen. Sud abseihen und bei starker Hitze auf etwa 1/2 Liter einkochen lassen. Gelatine in kaltem Wasser einweichen, ausdrücken, im Sud auflösen und diesen kalt stellen. Bevor der Sud zu stocken beginnt, etwas davon in eine passende Form oder Schüssel eingießen und im Kühlschrank anstocken lassen. Zieht das Gelee an, Eierscheiben sowie Kräuterblätter darauf legen, abermals mit etwas Sud bedecken und wieder etwas anziehen lassen. Nun die Karpfenstücke und die Wurzelstreifen in der Form verteilen, mit dem restlichen Sud begießen und über Nacht bzw. 12 Stunden kalt stellen. Vor dem Stürzen empfiehlt es sich, die Form kurz in heißes Wasser zu stellen.

Stainzer Karpfen

Zutaten

4 Karpfenfilets (zu je ca. 150 g)
500–700 ml Wasser
300 ml Schilcher
Salz
Pfefferkörner
Lorbeerblatt
Thymian
1 Zwiebel
1 Bund Wurzelwerk und
1 Zwiebel für die Garnitur
2 EL Butter
Estragon oder Petersilie
zum Bestreuen

Zubereitung

Die Karpfenfilets nach Möglichkeit entgräten, aber nicht enthäuten, sondern die Haut etliche Male einschneiden. Wasser und Schilcher in einem größeren Topf vermengen, sämtliche Gewürze sowie eine geviertelte Zwiebel zugeben und alles aufkochen lassen. Nun die Karpfenstücke einlegen und knapp unter dem Siedepunkt etwa 20 Minuten ziehen lassen. Währenddessen wird das Wurzelwerk gewaschen, geschält und in feine Streifen, die Zwiebel in Ringe geschnitten. In einer Pfanne die Butter aufschäumen lassen, das geschnittene Wurzelwerk samt Zwiebelringen darin anrösten, mit etwas Schilcher oder Fischsud aufgießen und kurz dünsten lassen. Sobald das Gemüse knackig – aber nicht zu weich – ist, Karpfenfilets aus dem Sud heben, abtropfen lassen und mit den Gemüsestreifen garniert anrichten. Mit etwas gehackter Petersilie oder Estragon bestreuen.

Als Beilage empfehlen sich in Butter geschwenkte Erdäpfel sowie Rahm-Gurkensalat.

Unser Tipp

Nach dem gleichen Grundrezept lässt sich auch die beliebte Schilcher-Forelle zubereiten, die man entweder im Ganzen oder ebenfalls filetiert garen kann. Statt Schilcher kann man auch Welschriesling, einen anderen trockenen steirischen Weißwein oder einen kräftigen Roséwein verwenden.

Schilcher oder Essig?

Als Papst Pius VI. zu Kaiser Joseph II. reiste, um mit ihm wegen der Säkularisierung der Klöster zu verhandeln, erhielt er bereits auf seiner Reise durch die Steiermark einen Vorgeschmack auf das anstehende Treffen mit dem Habsburger, vor allem in Hinblick auf dessen Ergebnis. In Maria Lankowitz, wo der Papst abstieg, trug er in sein Tagebuch ein, man habe ihm dort „einen rosaroten Essig vorgesetzt, den sie Schilcher nannten".

Mittlerweile ist der immer wieder als Beuschlreißer, Rabiatperle, Hemmatsprazer oder Feitlziager verhöhnte Landwein aus der Blauen Wildbacherrebe längst stadtfein und sogar zu einem beliebten Szene-Getränk in Grazer und Wiener Weinbars geworden. Die Frage, ob Schilcher wie Essig schmecke, stellt sich übrigens heute allenfalls unter einem anderen Vorzeichen. Essig aus der Steiermark – allem voran der jahrelang fassgelagerte oststeirische Apfelbalsamico – gilt nämlich mittlerweile ebenfalls als auch international renommiertes Elixier für feine Gaumen und ernährungsbewusste Genießer. Ganz besonders populär: der Schilcher-Essig.

Lachsforelle in Apfelbalsamico mit Kernölfisolen

Zubereitung

1/4 kg Fisolen
Salz
1 Messerspitze Speisesoda
Butter zum Andünsten
1 EL Semmelbrösel
1 EL geröstete und fein gewiegte Kürbiskerne
1 KL Kürbiskernöl
Pfeffer aus der Mühle
4 entgrätete und enthäutete Lachsforellenfilets à ca. 150 g
4 EL Apfelbalsamicoessig
100 g eiskalte Butterflöckchen

Zubereitung

Zunächst die Fisolen gut zuputzen und in mit Speisesoda versetztem Salzwasser halbweich kochen. Etwas Butter in einer Pfanne zerlassen, Semmelbrösel und fein gewiegte Kürbiskerne ins Fett streuen und die Fisolen kurz darin wenden und mit etwas Kürbiskernöl sowie frisch geschrotetem Pfeffer abschmecken. Die leicht gesalzenen Fischfilets darauf setzen und zugedeckt auf kleiner Flamme 4 bis 5 Minuten dämpfen. Inzwischen den Essig in einer kleinen Soßenpfanne zum Kochen bringen und diese, sobald sich die ersten Blasen bilden, von der Herdplatte ziehen. Dann nach und nach die eiskalten Butterstückchen einrühren und zu einer homogenen Soße binden. Auf heißen Tellern die Forellenfilets auf den Kernöl-Fisolen anrichten und den Fisch mit der Apfelbalsamicosoße überziehen. Als Beilage empfehlen sich gekochte heurige Erdäpfel.

Bachsaibling im Wiesenkräutermantel

Zutaten

4 küchenfertige Saiblinge
Salz
Pfeffer aus der Mühle
4 EL gemischte gehackte Kräuter
(wie etwa Estragon, Kerbel, Sauerampfer, Bärlauch, Petersilie)
3–4 Eier
3 EL Reibkäse
Mehl zum Wenden
1 EL Maiskeimöl
2 EL Butter
einige Kräuterzweiglein zum Garnieren

Zubereitung

Die Saiblinge am besten gleich beim Fischhändler ausnehmen lassen. Zu Hause nochmals unter fließendem Wasser gut waschen und trockentupfen. Innen mit Salz, frisch gemahlenem Pfeffer und etwas von den gemischten Kräutern würzen. Auf einem flachen Teller Eier mit dem Rest der Kräuter sowie dem Reibkäse gut miteinander verschlagen. Saiblinge nacheinander zuerst beidseitig in Mehl wenden und dann durch die Eier ziehen, so dass sie vom Eier-Kräutermantel gut umhüllt sind. Währenddessen bereits das Öl mit Butter erhitzen und die Saiblinge darin bei mäßiger Hitze, halb zugedeckt langsam auf beiden Seiten goldbraun braten. Fische herausheben, Fett abtupfen oder abtropfen lassen und mit den Kräutern garniert anrichten. Als Beilage empfiehlt sich gemischter Blattsalat.

Schwarze Hechtnockerln im Schweinsnetz

Zutaten

1/2 kg enthäutetes Hechtfilet
400 ml Schlagobers
1 EL Kernöl
Salz
weißer Pfeffer aus der Mühle
Salzwasser zum Pochieren
1 Schweinsnetz
Butterschmalz zum Ausbacken

Zubereitung

Die Hechtfilets sorgfältig entgräten und in kleinere Stücke schneiden. In der Küchenmaschine (oder Cutter) unter allmählicher Zugabe von eiskaltem Schlagobers und tröpfchenweisem Beimengen von Kernöl zu einer glatten Masse mixen. Mit Salz und Pfeffer abschmecken und durch ein Sieb streichen. Ausreichend viel Salzwasser zum Kochen bringen, Hitze reduzieren. Mit Hilfe eines Suppenlöffels aus der Masse längliche Nockerln stechen und diese knapp unter dem Siedepunkt etwa 8 Minuten ziehen lassen. Herausheben und gut abtropfen lassen. Das gut gewässerte, abgetropfte Schweinsnetz in gleich große Stücke teilen, jeweils ein Hechtnockerl darin einwickeln und in heißem Butterschmalz von allen Seiten her knusprig anbraten.

Unser Tipp

Die Hechtnockerln eignen sich perfekt als kleine Bissen zum Wein. Sie können aber auch auf Erdäpfel- oder Selleriepüree angerichtet und mit etwas konzentriertem Fischfond übergossen eine komplette Mahlzeit bilden.

Murtaler Huchenpudding anno 1890

Zutaten

500–700 g Huchenfilets
Salz, Pfeffer aus der Mühle
Schuss Essig oder Weißwein
2–3 EL Butter
2–3 EL Mehl, 3 Eier
ca. 120–150 ml Milch
Muskatnuss
Butter und Semmelbrösel für die Form

Zubereitung

Huchenfilets enthäuten und wirklich gut entgräten. In einem Topf genügend viel Salzwasser mit einem Schuss Essig oder Weißwein zum Kochen bringen und die Fischfilets darin 15 bis 20 Minuten garziehen lassen. Filets herausheben, abtropfen und auskühlen lassen. In kleine, mundgerechte Stückchen teilen. Butter in einer Kasserolle aufschäumen lassen, Mehl einrühren, kurz durchrösten und langsam mit Milch aufgießen. Hat die Béchamelsauce eine ziemlich dickliche Konsistenz erreicht, vom Feuer nehmen und auskühlen lassen.
Das Eidotter vom Eiklar trennen, die Dotter in die erkaltete Béchamelsauce einrühren, aus Eiklar und einer Prise Salz einen festen Schnee schlagen. Nun die Béchamelsauce, die Fischwürfel sowie den Eischnee behutsam miteinander vermengen und mit Salz, frisch gemahlenem Pfeffer und Muskatnuss würzen. Eine feuerfeste Auflaufform gut mit Butter ausstreichen, mit Semmelbröseln bestreuen und mit der Masse füllen. Eine größere Bratenpfanne etwa zur Hälfte mit Wasser füllen, die Auflaufform hineinsetzen und im auf 180 °C vorgeheizten Backrohr etwa 1/2 Stunde garen.
Mit grünem oder Tomatensalat servieren.

Unser Tipp

Statt des Huchens kann dieses Rezept auch mit Zander, Lachsforelle oder Hecht zubereitet werden.

Geflügel

Truthahn-Kürbisgröstl

Zutaten

600 g Truthahnfleisch
200 g durchzogener Räucherspeck
200 g Zwiebeln
4 gekochte Erdäpfel
2–3 EL Raps- oder Maiskeimöl
ca. 400 g Kürbisfleisch
8 Cocktailtomaten
2 Zweiglein Thymian
Salz
Pfeffer

Zubereitung

Zugeputztes Truthahnfleisch in fingerdicke, mundgerechte Bissen, Speck und Zwiebeln in Streifen, gekochte Erdäpfel in Scheiben schneiden. In der Pfanne das Pflanzenöl erhitzen, Speckwürfel und Zwiebeln anrösten, Erdäpfel und Truthahnfleisch zugeben und ebenfalls rundum kräftig anbraten. Zuletzt das in Streifen geschnittene Kürbisfleisch untermengen und mitrösten, bis der Kürbis kernweich ist. Kurz vor Ende der Garungszeit noch die halbierten Cocktailtomaten und die Thymianzweiglein hinzufügen. Mit Salz und Pfeffer abschmecken und heiß – eventuell in der ausgehöhlten Kürbisschale – servieren.

Unser Tipp

Dieses Rezept mundet auch ausgezeichnet mit Poulardenfleisch oder Faschiertem.

Truthahnbrust im Netz

Für 8 Portionen

Zutaten

1 1/2 kg Truthahnbrust
100 g hauchdünne Scheiben Wildschweinspeck
(ersatzweise Hamburger Speck)
Salz
Pfeffer
1 Schweinsnetz
Wasser oder Hühnersuppe zum Begießen
1 KL Mehl zum Stauben

Für die Fülle:
1/8 kg Dörrzwetschken
4 cl alter, möglichst fassgelagerter
Zwetschkenschnaps
1 nussgroßes Stück Butter
1 KL Mehl
1/8 l Hühnersuppe
1 Spritzer Zitronensaft
1 KL fein gehackte Zitronenmelisse
1 Prise Zimt
1 Prise Nelkenpulver
Salz, Pfeffer

Zubereitung

Für die Fülle zunächst Zwetschken 2 bis 3 Stunden in Zwetschkenschnaps einweichen, klein hacken. Eine lichte Einbrenn aus Mehl und Butter zubereiten, mit Hühnersuppe aufgießen, Dörrzwetschken mitsamt der Marinade einrühren und zu einer möglichst breiigen Masse verkochen.
Mit Zitronensaft, Zitronenmelisse, Zimt, Nelkenpulver sowie Salz und Pfeffer abschmecken. Danach die Truthahnbrust der Länge nach keilförmig einschneiden, mit Wildschweinspeck auskleiden, mit Zwetschkenfarce füllen und Brust wieder zusammenklappen. Außen mit Salz und Pfeffer würzen und in das gut gewässerte und abgetropfte Schweinsnetz

einschlagen. Braten in eine passende Form setzen und im auf 220 °C vorgeheizten Backrohr etwa 1 1/2 Stunden unter ständigem Begießen mit Wasser oder Hühnersuppe braten, die Hitze dabei stufenweise auf 180 °C reduzieren. Am Schluss den Braten herausnehmen und unter einer Alufolie noch ein wenig rasten lassen. Inzwischen den Bratensatz mit Mehl stauben, mit etwas Wasser oder Hühnersuppe aufgießen und zu einer Soße verkochen lassen. Dazu passen Maiskroketten oder mitgebratene Erdäpfel.

Auffener Straußenragout

Zutaten

600 g Straußenbrustfleisch
100 g Schinkenspeck
2 mittlere Zwiebeln
1 EL Butter
1 EL Olivenöl
1 Zweiglein Rosmarin
350 ml oststeirischer Welschriesling
Hühnersuppe nach Belieben
1 EL Tomatenmark
Polenta als Beilage

Zubereitung

Zugeputztes Straußenfleisch in größere Würfel schneiden, Speck und Zwiebeln ebenfalls würfelig schneiden. Butter und Öl erhitzen, Speckwürfel mit Zwiebeln und Rosmarin darin anbraten. Nach wenigen Minuten Fleischstücke dazugeben und von allen Seiten bräunen. Wein dazugießen, kurz aufkochen lassen. Hitze reduzieren und das Ragout zugedeckt 35 bis 40 Minuten auf kleinster Flamme dünsten lassen. Eventuell hin und wieder etwas Hühnersuppe angießen. Zum Schluss Rosmarinzweig entfernen, etwas Tomatenmark unterrühren und mit möglichst weicher Polenta servieren.

Steirisches Spitzwegerich-Poulard

Zutaten

1 steirisches Poulard
(Masthuhn mit ca. 1,8–2 kg)
Salz
Pfeffer
50 g Butter, 2 Zwiebeln
100 ml Zweigelt
(oder ein anderer trockener Rotwein)
6 cl Weinbrand
5 cl Kroatzbeerlikör (Brombeerlikör)
2 fleischige Tomaten
150 ml Sauerrahm
1 Bund Spitzwegerich

Zubereitung

Das Huhn in 8 Stücke teilen, salzen und pfeffern. In einem geräumigen Topf die Butter erhitzen, die Hühnerteile beidseitig gut anbraten, wieder herausnehmen und beiseite stellen. Nun die fein gehackten Zwiebeln im restlichen Bratenfett weich dünsten, mit Rotwein, Weinbrand und Kroatzbeerlikör aufgießen, etwas einreduzieren lassen, die geschälten, entkernten und gewürfelten Tomaten sowie den Sauerrahm hinzugeben, alles aufkochen lassen und noch einmal abschmecken. Die Hühnerteile wieder zurück in den Topf geben, den in Streifen geschnittenen Spitzwegerich unterrühren. Den Topf gut verschließen und am Herd oder im auf ca. 160 °C vorgeheizten Backrohr rund 35 Minuten schmoren lassen. Das Huhn im Topf heiß servieren.

Unser Tipp

Sollte saisonbedingt kein Spitzwegerich zur Verfügung stehen, so erzielt man bei diesem Gericht auch mit anderen Kräutern – etwa mit Kerbel oder Estragon – sehr schmackhafte Ergebnisse.

Steirisches Wurzelfleisch mit Kren · ***Rezept S.72***

Oberennstaler Jägerbraten · *Rezept S. 88*

Girardirostbraten · *Rezept S. 74*

Entenbiegeln im Zweigeltsaftl

Zutaten

4 Entenbiegel (à ca. 1/4 kg)
Salz
Pfeffer aus der Mühle
Mehl zum Wenden
2 EL Maiskeimöl
2 EL Butter
1 Zwiebel
einige Nelken
1 Lorbeerblatt
8–12 geschälte Maroni
100 ml Entenfond
(oder Geflügelsuppe)
1/8 l steirischer Zweigelt
(oder anderer Rotwein)
200 g rote Speisetrauben
100 g geschälte Walnüsse

Zubereitung

Entenbiegel salzen, pfeffern und gründlich in Mehl wälzen. Maiskeimöl und Butter in einer großen Pfanne erhitzen, die Entenstücke darin allseitig knusprig anbraten. Geschälte und mit Nelken gespickte Zwiebel, Lorbeerblatt sowie geschälte Maroni hinzufügen sowie mit Entenfond und Zweigelt aufgießen. Die Kasserolle abdecken und die Entenbiegel darin ca. 45 Minuten auf kleiner Hitze schmoren lassen. Danach Zwiebel und Lorbeerblatt entfernen, Maroni und Entenbiegel herausheben und warm stellen.

Die Zweigeltsoße bei erhöhter Hitze sämig einkochen lassen und notfalls noch mit etwas in Suppe aufgelöstem Mehl molliger machen. (In historischen Rezepten findet man auch die Bindung durch mit Essig versetztem Entenblut.) Weintrauben und Nüsse 1 Minute in der Soße erwärmen. Entenbiegel auf einer vorgewärmten Platte anrichten und mit der Soße überziehen. Dazu passen Schupfnudeln.

Unser Tipp

Besonders köstlich mundet dieses Gericht auch, wenn man zum Schluss geviertelte Weingartenpfirsiche mitdünstet. Dieses Rezept funktioniert übrigens auch mit Weißwein (z. B. Muskateller) ausgezeichnet, nur sollte man die Rotweintrauben dann durch Weißweintrauben ersetzen.

Stubenküken mit Türkensterzfülle

Zutaten

2 ausgenommene und geputzte Stubenküken
Salz
Pfeffer
200 ml Hühnersuppe
100 g Türkensterz (Maisgrieß)
2 mittelgroße enthäutete und entkernte Tomaten
1 EL Butter
Maiskeimöl für die Form
1–2 Zweiglein Thymian oder Rosmarin
1–2 Knoblauchzehen
1–2 EL flüssige Butter, Maismehl und etwas Hühnersuppe für die Soße

Zubereitung

Stubenküken waschen und mit Küchenkrepp trockentupfen, innen wie außen salzen und pfeffern, beiseite stellen. Hühnersuppe in einer Kasserolle aufkochen lassen und Maisgrieß in dünnem Strahl einrieseln lassen. Fein gehackte Tomaten und Butter hinzufügen und Türkensterz auf kleiner Flamme köcheln lassen, bis alle Flüssigkeit aufgesogen worden ist. Nunmehr die Kasserolle vom Herd nehmen, abdecken und etwa weitere 10 Minuten quellen lassen. In der Zwischenzeit das Backrohr auf 220 °C vorheizen. Stubenküken mit dem Türkensterz füllen, Brusthaut mit einem Küchengarn fest vernähen. Überschüssigen Türkensterz warm stellen und später als Beilage servieren. Stubenküken mit der Brustseite nach oben in eine mit Maiskeimöl gut ausgestrichene Bratenpfanne setzen. Je nach Geschmack frische Thymian- oder Rosmarinzweiglein sowie ungeschälte, aber zerdrückte Knoblauchzehen mitbraten. Nach etwa 10 Minuten die Hitze auf 180 °C reduzieren und noch – je nach Größe der Stubenküken – weitere 35 bis 45 Minuten braten. Die Haut unterdessen mehrmals mit flüssiger Butter bestreichen. Den Bratenfond zum Schluss mit etwas Maismehl bestreuen und mit Hühnersuppe aufgießen, sämig einkochen lassen. Stubenküken tranchieren und rund um die Fülle anrichten. Die Soße extra reichen. Dazu passt Käferbohnensalat mit Zwiebeln und Kernöl.

Unser Tipp

Man kann dieses Rezept auch mit Hühnern, Wachteln, Rebhühnern und Fasanen zubereiten.

Türkenkorn und Woazschöln

Türken haben in der steirischen Küche auch schon vor der Döner-Welle eine bedeutende Rolle gespielt. Als „Türken", „türkisches Korn", zumeist aber als „türkischen Waiz" oder besser „Woaz" bezeichnet(e) man hier den Mais oder Kukuruz, der die Basis für den beliebten Türkensterz, die steirische Schwester der Polenta, abgibt und im Übrigen auch als Mastfutter für die Viehzucht dient. Seit rund vierhundert Jahren sind die satt machenden goldgelben Kolben in der Grünen Mark heimisch.

Dem Mais verdankt die Steiermark nicht nur zahlreiche kulinarische Inspirationen von der „Türkensuppn" bis zum „Woaztommerl", sondern auch die fast schon ausgestorbene Sitte des „Woazschölns" oder Maisrebelns, die man gelegentlich noch auf oststeirischen Bauernhöfen beobachten kann. Da werden zunächst einmal die Stube und das Vorzimmer ausgeräumt, in welche man anschließend das Füllhorn der geernteten Kolben entleert, bis die „Woazschöler" knietief im Maismeer waten können. Nun gilt es für jedermann, die Deckblätter und Maisfedern fein säuberlich zu entfernen, damit man sie anschließend zu so genannten „Striezeln" binden und zum Überwintern auf den Dachboden schaffen kann.

Wo der „Woaz" heute noch händisch geschält wird, dort ist zumeist auch eine Knopfharmonika nicht weit, und der Übergang vom arbeitsamen zum vergnüglichen Teil dieser Arbeit erfolgt durchaus fließend, bis aus der anfänglichen Landarbeit endgültig ein bäuerliches Fest mit Schmaus, Trank und Tanz geworden ist.

Gebackenes steirisches Poulard

Zutaten

1 steirisches Poulard (Masthuhn) von ca. 2 kg
(mit Leber, Hals und Magen)
Salz
Pfeffer
glattes Mehl
2 Eier
1 Schuss Zitronensaft
ca. 150 g Semmelbrösel
1/2 kg Schweineschmalz

Zubereitung

Poulard ausnehmen, waschen, außen und innen mit Küchenkrepp trockentupfen und Magen in Salzwasser weich kochen. Huhn in 8 Teile zerlegen, Hühnerstücke salzen, leicht pfeffern und hintereinander in Mehl, in mit Zitronensaft versprudeltem Ei und Semmelbröseln wälzen, die Panier danach mit einer Gabel rundum gut andrücken. Hals, Rückgrat und Innereien (Leber nicht salzen) ebenfalls panieren. Schweineschmalz in einer großen Pfanne erhitzen und Hühnerteile auf nicht zu großer Flamme 20 bis 25 Minuten goldbraun und knusprig braten. Innereien erst während der letzten 5 Minuten hinzufügen. Backhühner aus dem Fett heben, auf Küchenkrepp gründlich abtropfen lassen. Dazu passt am besten Erdäpfelsalat mit Kernöl (s. Rezept auf Seite 34).

Unser Tipp

Noch zarter werden die Backhühner, wenn man statt eines Poulard zwei Stubenküken paniert. Hervorragend eignet sich auch ein Kapaun.

Fleisch und Wild

Osterschinken im Topf

Zutaten

3 EL Schweineschmalz
100 g fein gehackter Selchspeck
100 g fein gehackte Zwiebeln
1 klein gehackte Knoblauchzehe
1 großer, säuerlicher Apfel
(z. B. Gravensteiner)
1/2 kg Sauerkraut
5 Wacholderbeeren
Kümmel
Pfeffer
Salz
4 große, halbfest gekochte Erdäpfel
4 dicke Scheiben rohes Selchfleisch
vom Schopfbraten
1/8 l Weißwein

Zubereitung

Schweineschmalz erhitzen, Speck dazugeben und etwas Farbe nehmen lassen, bis Fett glasig wird. Zwiebeln und Knoblauch hinzufügen und goldgelb rösten. Währenddessen Apfel schälen, vierteln, entkernen und blättrig schneiden.
In einer Schüssel Sauerkraut, Zwiebel-Speckgemisch, Apfelblätter sowie Gewürze mit den geschälten, dickblättrig geschnittenen Erdäpfeln vermischen.
Die Hälfte dieser Sauerkrautmischung in einen feuerfesten, irdenen Topf geben, mit Selchfleisch belegen, die zweite Hälfte des Sauerkrautes darüber geben und mit Weißwein übergießen. Im auf 180 °C vorgeheizten Backrohr gut 1 Stunde weich dünsten und direkt im Topf servieren.

Unser Tipp

Noch deftiger mundet das Gericht, wenn man das Sauerkraut mit ein paar Grammeln abschmeckt.

Steirisches Wurzelfleisch mit Kren

Zutaten

800 g Schweinsschulter
Salz
1/8 l Apfelessig
2 Lorbeerblätter
4 Pfefferkörner
4 Karotten
2 gelbe Rüben
1/2 Sellerieknolle
1 Petersilwurzel
1 mittlere Zwiebel
1/2 Stange Porree
150 g gerissener Kren
Salzerdäpfel als Beilage

Zubereitung

Fleischstück im Ganzen in mit Essig und Gewürzen aromatisiertem Salzwasser 40 Minuten lang kochen.
In der Zwischenzeit Karotten, Rüben, Sellerie und Petersilwurzel putzen, waschen, feinstiftelig schneiden. Zwiebel und Porree in Scheiben schneiden und gemeinsam mit dem Wurzelwerk in den Topf geben und weitere 20 Minuten kochen lassen. Fleisch portionieren, indem man es quer zur Faser schneidet; mit etwas Sud übergießen, mit Wurzelwerk belegen und mit auf einem Reibeisen oder einer Raffel gerissenem Kren bestreuen.
Mit Salzerdäpfeln heiß servieren.

Unser Tipp

Statt mit Schweinsschulter wurde dieser Klassiker früher auch gerne mit einem ganzen Schweinskopf zubereitet, was das Gericht wesentlich nahrhafter machte.

Welschriesling-Krenfleisch

Zutaten

2–3 Schweinsfischerln (ca. 800 g Schweinsfilet)
Pfefferkörner
Lorbeerblatt
1–2 Knoblauchzehen
1 große Zwiebel
1 großer Bund Wurzelgemüse
1/4 l Welschriesling (oder anderer Weißwein)
Salz, Pfeffer aus der Mühle
frischer Kren zum Reiben
eventuell Butterbrösel zum Bestreuen

Zubereitung

Schweinsfischerln von Sehnen und Häuten befreien. Pfefferkörner, Lorbeerblatt sowie die leicht angedrückten Knoblauchzehen in ein Leinensäckchen oder einen Teebeutel binden. Zwiebel in feine Ringe, geputztes Wurzelwerk in Streifen schneiden. Nun Fleisch in einem geeigneten Topf mit etwa 1/4 l kaltem Wasser sowie Welschriesling zustellen, Leinensäckchen oder Teebeutel sowie Salz beigeben und knapp am Siedepunkt ca. 40 Minuten mehr ziehen als köcheln lassen. Nach der Hälfte der Garzeit die Wurzelwerk- und Zwiebelstreifen hinzufügen. Sobald das Fleisch weich ist, das Gewürzsäckchen entfernen, den Sud mit Salz und Pfeffer sowie eventuell einem weiteren Schuss Weißwein abschmecken. Filets herausheben und in Scheiben schneiden sowie auf vorgewärmten Tellern anrichten. Wurzelgemüse aus dem Fond heben und über das Fleisch verteilen. Frisch gerissenen Kren und nach Belieben auch geröstete Semmelbrösel darüber streuen und alles mit Sud umgießen.
Dazu passen Kümmelerdäpfel.

Unser Tipp

Wenn man dem Gericht eine etwas rustikalere Note verleihen will, kocht man ein großes Stück Schwarte mit und entfernt sie vor dem Servieren.

Girardirostbraten*

Zutaten

4 Scheiben Rostbraten à ca. 180 g
Salz
Pfeffer
1 EL Butterschmalz
1 mittlere Zwiebel
1/8 l trockener steirischer Weißwein
250 ml Rindsuppe
50 g Selchspeck
2 Wiesenchampignons
1 Frühlingszwiebel
200 g fein gehacktes Wurzelwerk
1 EL fein gehackte Petersilie
1 KL Kapern
Schale einer halben Zitrone
1 EL Butter oder Pflanzenfett
1 EL Mehl
2 EL Sauerrahm

Zubereitung

Die Rostbratenstücke rundum einschneiden, mit den Fingern in der Mitte platt drücken, salzen, pfeffern, in heißem Butterschmalz beidseitig anbraten und beiseite stellen.
In derselben Pfanne die klein geschnittene Zwiebel leicht anbräunen, mit Weißwein und Rindsuppe ablöschen, kurz aufkochen lassen, Hitze reduzieren, die Rostbraten wieder einlegen und zugedeckt 1 bis 1 1/2 Stunden weich dünsten.
Inzwischen in einer kleinen Kasserolle fein gehackten Speck, geschnittene Pilze, fein gewürfelte Frühlingszwiebel, Wurzelwerk, Petersilie sowie Kapern und Zitronenschale in wenig Fett anrösten. Mit Mehl stauben, Rahm darunter rühren, kurz aufkochen lassen und diese Mischung mit der Soße des fast fertig gedünsteten Rostbratens vermengen.

Alles etwa 10 Minuten lang weiter dünsten lassen, abschließend nochmals abschmecken und dann mit Serviettenknödeln oder Bandnudeln servieren.

*Dieses Gericht ist nach der Leibspeise des in Wien berühmt gewordenen, aber in Graz geborenen Volksschauspielers Alexander Girardi (1850–1918) benannt. Er wurde vor allem als Raimund-Darsteller am Wiener Volkstheater und am Theater in der Josefstadt bekannt. 1913 spielte er seine erste Filmrolle in „Der Millionenonkel". Zwei Monate vor seinem Tod debütierte Girardi als Fortunatus Wurzel im „Bauer als Millionär" am Wiener Burgtheater.

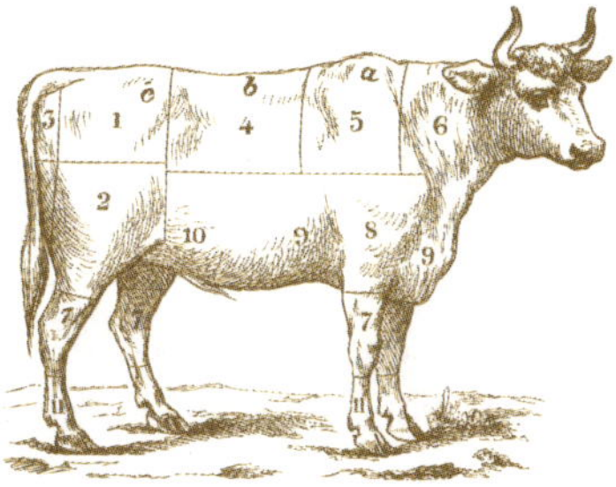

Stainzer Rostbraten

Zutaten

4 Scheiben abgelegener Rostbraten
oder Beiried à ca. 200 g
Salz
Pfeffer
1 EL Mehl
2 EL Schmalz
1/4 l Schilcher
etwas Rindsuppe
2 EL Sauerrahm
1–2 EL Maronipüree
(oder ungezuckerter Maronireis)

Zubereitung

Rostbraten bzw. Beiried zart mit den Fingern rundum durchdrücken (nicht klopfen!) und an den Rändern mehrmals einschneiden. Fleisch salzen, pfeffern und auf einer Seite bemehlen. In einer Pfanne Schmalz erhitzen und den Rostbraten darin mit der bemehlten Seite zuerst und dann auf der anderen Seite jeweils 2 bis 3 Minuten knusprig braten. Mit Schilcher und etwas Rindsuppe aufgießen und das Fleisch halb zugedeckt 1 bis 1 1/2 Stunden weich dünsten.
Die Rostbratenstücke aus der Pfanne heben und warm stellen. Die Soße noch etwas einkochen lassen, mit Sauerrahm sowie Maronipüree binden und vor dem Anrichten nochmals mit Salz und Pfeffer abschmecken. Rostbraten auf vorgewärmten Tellern anrichten und mit der Maronisoße umgießen.
Dazu passen Erdäpfelkroketten und glacierte Maroni.

Kalbskoteletts mit Eierschwammerln

Zutaten

4 Kalbskoteletts
1 Knoblauchzehe
Salz, Pfeffer aus der Mühle
2 EL Butterschmalz
Mehl zum Wenden
100 g durchzogener Speck (Frühstücksspeck)
1 Zwiebel, 1 Karotte
150 g Eierschwammerln (ersatzweise Champignons)
ca. 200 ml Rindsuppe oder Wasser zum Aufgießen
Kümmel
400 g Erdäpfel
150 g Erbsen
2 EL gehackte Kräuter
(Petersilie, Schnittlauch, Kerbel, Estragon etc.)

Zubereitung

Die Koteletts zart klopfen, an den Rändern einschneiden, mit der leicht angepressten Knoblauchzehe einreiben und mit Salz und Pfeffer kräftig würzen. In einer großen Pfanne Butterschmalz erhitzen, währenddessen Koteletts beidseitig in Mehl wälzen, auf beiden Seiten goldbraun braten und wieder aus der Pfanne heben. Speck, Zwiebel sowie Karotte kleinwürfelig, die geputzten Eierschwammerln in gröbere Stücke schneiden. Im verbliebenen Fett nun zunächst die Speck- und Zwiebelwürfel anrösten, dann die Karotten und Eierschwammerln einmengen und mit Rindsuppe oder Wasser aufgießen.
Mit Kümmel, Salz und Pfeffer würzen und die warm gestellten Koteletts wieder in die Pfanne zurücklegen. Die Erdäpfel in Scheiben schneiden und ebenfalls in die Pfanne geben und alles gemeinsam eine gute 1/2 Stunde weich dünsten. Kurz vor Ende der Garzeit die Erbsen gesondert weich kochen und einmengen. Nochmals kurz mitdünsten lassen. Die weich gedünsteten Koteletts mit gehackten Kräutern bestreuen und mit dem Gemüse anrichten. Als Beilage empfiehlt sich Feldsalat.

Kalbsbackerln mit Semmelkren

Zutaten

1/2 kg Kalbsknochen
1 Bund Wurzelgemüse
1 Zweiglein Liebstöckel
2–3 Tomaten
1 mittlere Zwiebel
1 Bund Petersilienstengel (ohne Blätter)
1 Lorbeerblatt
2 Pimentkörner
Salz, 4 Pfefferkörner
2 l Wasser
3/4 kg ausgelöste Kalbsbackerln

Für den Semmelkren:
4 altbackene Semmeln
250 ml Rindsuppe
2 Eidotter
1–2 EL frisch gerissener Kren
Salz, Pfeffer
1 Schuss Essig
Kernöl und Apfelbalsamicoessig nach Geschmack

Zubereitung

Kalbsknochen, Gemüse und Gewürze mit kaltem Wasser aufstellen und aufkochen lassen. Kalbsbackerln einlegen und auf kleiner Hitze ca. 1 1/2 Stunden weich kochen. Inzwischen die Semmeln in Scheiben schneiden, mit heißer Suppe aufgießen und zum Kochen bringen. Topf vom Herd nehmen, Eidotter einrühren und mit einem Quirl solange rühren, bis eine breiige Masse entsteht. Frisch gerissenen Kren darunter rühren. Mit Salz, Pfeffer und einem Spritzer Essig abschmecken. Bis zur Verwendung warm stellen, aber nicht mehr köcheln lassen. Die Kalbsbackerln auf heißen Tellern anrichten, mit etwas Sud sowie ein paar Tropfen Kernöl und Apfelbalsamicoessig übergießen und mit dem warmen Semmelkren servieren.

Ochsenschwanz mit Häferlsterz

Für 4–6 Portionen

Zutaten

1–1 1/2 kg Ochsenschlepp-Stücke
Salz
Pfeffer
3 EL Butterschmalz
1 Bund Wurzelgemüse
1 Zwiebel
1–2 EL Mehl zum Stauben
1 EL Tomatenmark
kräftiger Schuss Zweigelt
1–1 1/2 l Rindsuppe
oder Wasser zum Aufgießen
Thymian
Lorbeerblatt
Pfefferkörner
1/4 ungespritzte Zitrone
2 EL Preiselbeerkompott
1 KL Senf, 100 ml Zweigelt

Für den Häferlsterz:
1/2 kg Erdäpfel
Salz
150 g griffiges Mehl
5 EL Butterschmalz oder Butter

Zubereitung

Ochsenschlepp-Stücke rundum kräftig mit Salz und Pfeffer würzen. In einer Kasserolle Schmalz erhitzen, Fleisch darin von allen Seiten her braun anbraten und wieder herausheben. Wurzelgemüse grobwürfelig, Zwiebel in große Stücke schneiden und ebenfalls im verbliebenen Fett goldbraun rösten.

Mit Mehl stauben, durchrösten, Tomatenmark einrühren und rasch mit einem kräftigen Schuss Zweigelt aufgießen.

Kurz aufkochen lassen, dann Rindsuppe (oder Wasser) zugießen, das Fleisch wieder in die Kasserolle zurückgeben und gemeinsam mit sämtlichen Gewürzen und der Zitrone zugedeckt für 2 bis 3 Stunden (am besten im Backrohr bei 180 °C) dünsten. Weich gedünstetes Fleisch aus der Kasserolle heben, Soße eventuell entfetten und bei großer Hitze einkochen lassen. Hat die Soße die gewünschte Konsistenz erreicht, mit glatt gerührtem Preiselbeerkompott, Senf und etwas Zweigelt vollenden, passieren und den Ochsenschlepp darin nochmals kurz erwärmen.
Für den Häferlsterz Erdäpfel kochen, noch heiß schälen und anschließend mit einer Gabel grob zerdrücken. Masse salzen, mit Mehl vermengen und zwischen den Fingern abbröseln. Fett in einer großen Pfanne erhitzen, Erdäpfelmasse darin so lange anrösten, bis sich kleine Sterz-Klümpchen bilden. Sterz in einer extra Vorlegeschüssel anrichten und gemeinsam mit dem erwärmten Ochsenschlepp servieren.
Als Beilage empfiehlt sich warmer Speckkrautsalat.

Das Sterzfordern

Der Sterz war im bäuerlichen Alltag der Steiermark nicht nur ein beliebtes Gericht, sondern ein über Jahrhunderte bewährtes Grundnahrungsmittel. Geriet er einmal zu dünn oder blieb die Magd mit dem Sterzpfandl – Gott bewahre – einmal überhaupt aus, so begannen die Knechte mit dem „Sterzfordern", einer bäuerlichen Abart des Bummelstreiks. „Einen Vaterunser lang" wurde in diesem Fall die Arbeit eingestellt, und die Knechte begannen ein wildes Trommelkonzert mit Hacken und Dreschflegeln zu veranstalten, das den Gutsherren dazu bewegen sollte, den „sozialen Frieden" wiederherzustellen. War die Herrschaft zum Einlenken bereit, so war auch der Sterz schnell wieder da. Dass der Sterz eine frühe Form von Fast Food war, besagt zumindest das alte Sprichwort, ein Sterzgericht brauche nicht länger zu kochen, als eine langsame Magd benötigt, um über den Stubenboden zu gehen.

Das Kürbis-Paradies: stoasteirische „Plutzer“

Kürbiskernparfait · *Rezept S. 90*

Osterpinze · *Rezept S. 97*

Das Beste vom Styria-Beef

Zutaten

4 Scheiben Rindslende (Rindslungenbraten) à ca. 200 g
Salz, Pfeffer aus der Mühle
2–3 Frühlingszwiebeln
2 EL Butter
1/4 kg Eierschwammerln
2 EL Kürbiskerne
1 EL gehackte Petersilie
Schuss Kürbiskernöl
1/8 l Schmand (Crème fraîche)
1 gewässertes Schweinsnetz
8 Kohlblätter
1 EL Butterschmalz

Zubereitung

Die Rindslenden gut mit Salz und frisch gemahlenem Pfeffer würzen und beiseite stellen. Für die Farce Frühlingszwiebeln fein hacken, in Butter goldgelb anrösten. Klein geschnittene Eierschwammerln zugeben, durchrösten, fein gehackte Kürbsikerne sowie Petersilie unterrühren und ein wenig Kürbiskernöl zugießen. Masse abkühlen lassen, mit Schmand binden und abschließend mit Salz und Pfeffer abschmecken. Das gut gewässerte Schweinsnetz trockentupfen und 4 gleich große Teile schneiden. Die Kohlblätter kurz pochieren, dann trockentupfen. Nun je ein Kohlblatt auf ein Stück Schweinsnetz legen, mit etwas Farce bestreichen, Rindsfilet darauf setzen und abermals mit Farce bestreichen. Mit einem Kohlblatt abdecken und alles gut im Schweinsnetz einschlagen. Butterschmalz in einer Pfanne erhitzen, die eingeschlagenen Filets beidseitig kurz, aber kräftig anbraten, wieder herausheben und im auf 180 bis 200 °C vorgeheizten Backrohr je nach gewünschtem Garungsgrad 15 bis 25 Minuten braten. Währenddessen ab und an übergießen. Fertige Filets herausheben, in Alufolie einschlagen und nochmals 10 bis 15 Minuten rasten lassen. Vor dem Servieren tranchieren und mit knusprigen Stroherdäpfeln und Speckfisolen auftragen.

Geschmorter Rieddeckel mit Kürbiskern-Schupfnudeln

Zutaten

1 kg Rieddeckel
(wenn möglich vom Styria-Beef)
Salz
Pfeffer
1 KL scharfer Senf
Öl
1 kg weiße Zwiebeln

Für die Schupfnudeln:
1/4 kg mehlige Erdäpfel
3 EL griffiges Mehl
1 EL Grieß
1 Ei
1 Eidotter

Für die Fertigstellung:
2–3 EL Butterschmalz
2 EL Kürbiskerne
Salz

Zubereitung

Den Rieddeckel salzen, pfeffern und mit Senf bestreichen. Das Fleisch in einer heißen Bratpfanne auf beiden Seiten in etwas Pflanzenöl gut anbraten und wieder herausnehmen. Danach die geschnittenen Zwiebeln in derselben Pfanne goldbraun rösten und den Rieddeckel darauf setzen. Mit etwas Wasser ablöschen und mindestens 1 Stunde lang zugedeckt bei 160 °C im vorgeheizten Backrohr schmoren. In der Zwischenzeit die Erdäpfel kochen, schälen, noch heiß passieren und auskühlen lassen. Danach mit den restlichen Zutaten zu einem glatten Teig verarbeiten, zu einer Rolle formen und daraus wieder kleinere Schupfnudeln formen. In einem großen Topf Salzwasser aufkochen und die Schupfnudeln darin etwa 3 Minuten

leicht wallend kochen lassen und abseihen. In einer Pfanne Butterschmalz zerlassen, die Kürbiskerne darin leicht anrösten und salzen.
Dann die Schupfnudeln in der Pfanne schwenken, bis sie goldbraun sind. Den Rieddeckel tranchieren und mit der Zwiebelsoße sowie den Schupfnudeln anrichten.

Unser Tipp

Statt Schupfnudeln kann man zum Rieddeckel auch ein mit gerösteteten Kürbiskernen bestreutes Erdäpfelpüree servieren.

Oberennstaler Jägerbraten

Zutaten

1 kg Wildschweinrücken
Salz, Pfeffer
3–4 grob geschrotete Wacholderbeeren
2–3 EL Butterschmalz
1/4 kg Wurzelwerk
1 Speckschwarte
1 Zwiebel
100 ml Rotwein
2–3 Zweiglein Thymian
200 ml Wildfond oder Rindsuppe zum Begießen
etwas Mehl und Rahm für die Soße

Zubereitung

Den Wildschweinrücken gut zuputzen und mit Salz, Pfeffer und Wacholder gründlich einreiben und bei großer Hitze in Butterschmalz rundum anbraten, herausheben und warm stellen. Im verbliebenen Fett das grob gehackte Wurzelwerk, die Speckschwarte und die in Scheiben geschnittene Zwiebel 1 bis 2 Minuten anrösten, mit Rotwein ablöschen und noch 1 bis 2 Minuten ziehen lassen. Den Wildschweinrücken auf das Wurzelgemüse setzen, mit Thymianzweiglein belegen, mit etwas flüssigem Butterschmalz beträufeln und 15 Minuten im auf 200 °C vorgeheizten Backrohr braten. Die Hitze stufenweise auf 180 °C reduzieren und den Wildschweinrücken, je nach gewünschtem Garungsgrad, 40 bis 60 Minuten unter häufigem Begießen mit Wildfond oder Rindsuppe braten. Nach Ende der Bratzeit das Fleisch bei leicht geöffnetem Rohr 10 bis 15 Minuten rasten lassen, dann tranchieren sowie mit Rotkraut und Erdäpfelkroketten servieren. Den passierten Bratensaft nach Geschmack mit etwas Mehl und Rahm binden und extra servieren.

Unser Tipp

Nach demselben Rezept lassen sich, bei jeweils angepassten Garzeiten, auch Rückenstücke von Gams, Reh oder Hirsch zubereiten.

Nachspeisen

Kürbiskernparfait

Zutaten

2 Eier, 1 Eidotter
3 EL Honig
300 ml Schlagobers
5 EL im Mörser fein zerstoßene Kürbiskerne
1 Schuss Mandellikör
Schlagobers und Kürbiskerne zum Garnieren

Zubereitung

Die Eier und das Dotter gemeinsam mit dem Honig in einer Schüssel über heißem Wasserdampf so lange schlagen, bis die Masse schaumig wird. Schlagobers gesondert steif schlagen, Kürbiskerne in einem Mörser fein zerstoßen und beides mit dem Mandellikör unter die Eiermasse rühren. Währenddessen kleine Portionsförmchen bereits im Tiefkühlfach gut vorkühlen, die fertige Masse dann einfüllen und für mindestens 4 Stunden tiefkühlen. Vor dem Servieren werden die Förmchen kurz in heißes Wasser gehalten und anschließend gestürzt. Parfaits jeweils mit etwas geschlagenem Obers und gehackten Kürbiskernen garnieren.

Kochen mit Kürbis – einst und heute

Das beschriebene Rezept eines Kürbisparfaits ist, wie man so schön sagt, dem „Neuen Regionalismus" verpflichtet und hervorragend geeignet, ein gepflegtes steirisches Menü auf höchst genießerische Weise abzurunden. Deshalb zu glauben, dass das Kochen mit Kürbiskernöl in der Steiermark eine alte Tradition hat, wäre allerdings falsch. Das Kochen mit Kürbiskernen ist eine Errungenschaft der letzten beiden Jahrzehnte, und auch das Fläschchen Kürbiskernöl hat man früher eher im Arzneimittelschrank als im Kuchlkastl gefunden.

Kroatzbeerschaumschnitten

Für 6 Portionen

Zutaten

180 g Mehl
120 g Butter
60 g Zucker
1 Prise Salz
2 Eidotter
3 Eiklar
150 g Zucker
300 g Kroatzbeeren
(= Brombeeren)

Zubereitung

Aus Mehl, Butter, Zucker, Salz und Eidottern einen geschmeidigen Mürbteig kneten und diesen mindestens 1/2 Stunde im Kühlschrank rasten lassen.
Den Teig danach auf 1/2 cm Dicke auswalken, auf ein Kuchenblech legen, mehrmals mit einer Gabel anstechen und im auf 180 °C vorgeheizten Backrohr so lange backen, dass die Oberfläche gerade noch hellblond ist.
Inzwischen Eiklar schlagen, mit Zucker steif ausschlagen. Die Kroatzbeeren unterheben und alles gleichmäßig auf den Mürbteigboden verstreichen. Bei 200 °C weiterbacken, bis sich der Eischnee goldbraun verfärbt.
Den Kuchen in noch warmem Zustand in Stücke schneiden und lauwarm servieren.

Unser Tipp

Statt nur Kroatzbeeren zu verwenden, kann man dieses köstliche Dessert auch zu je einem Drittel mit Heidelbeeren, Brombeeren und Himbeeren zubereiten.
Dieser feine Kuchen kann auch in Tortenform gebacken und aufgeschnitten werden.

Sulmtaler* Straubenkrapfen

Zutaten

300 g Mehl
5 Eidotter
200 ml steirischer Welschriesling
1 Prise Salz
Staubzucker zum Bestreuen
Butterschmalz zum Ausbacken

Zubereitung

Aus den angegebenen Zutaten einen möglichst geschmeidigen Teig zubereiten und diesen etwa 1/2 Stunde im Kühlschrank, in Folie gewickelt, rasten lassen. Nach dem Auswalken des Teiges auf etwa einen halben Zentimeter Dicke quadratische Stücke daraus schneiden und diese zu Schlangen rollen, die in heißem Butterschmalz ausgebacken und mit Staubzucker bestreut serviert werden.

*Das Sulmtal ist vor allem für seine Poulardenzuchten und Teichwirtschaften bekannt. Hier versteht man sich, in unmittelbarer Nachbarschaft zur südsteirischen Weinstraße, jedoch auch auf „süßes Weingebäck".

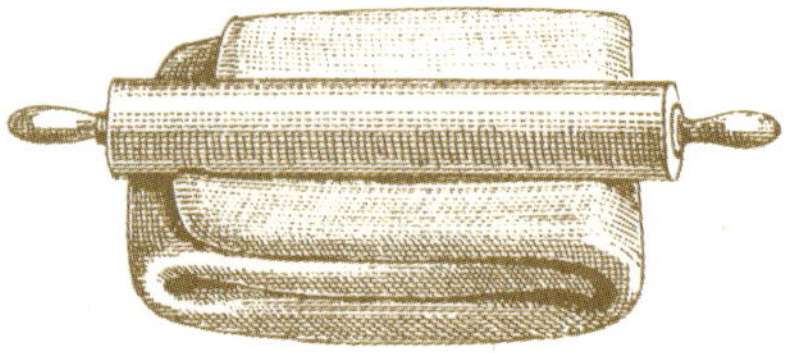

Raabtaler* Äpfelschmarren

Zutaten

3 Eier
1/4 l Milch
150 g Mehl
1 Prise Salz
80 g Butterschmalz
3–4 Äpfel
60 g Staubzucker
1 Prise Zimtpulver
1 Prise Nelkenpulver
8 Butterflocken

Zubereitung

Eier in Dotter und Klar trennen sowie Eiklar zu steifem Schnee schlagen. Aus Dottern, Milch, Mehl und Salz einen dickflüssigen Schmarrenteig anrühren und, falls nötig, noch etwas Mehl hinzufügen. Zum Schluss vorsichtig Eischnee unterheben. In einer Backform Butterschmalz zerlassen, Teig hineinfließen lassen und mit den blättrig geschnittenen Äpfeln bestreuen. Staubzucker mit Zimt- und Nelkenpulver vermischen und über die Äpfel sieben. Schmarren im auf 180 °C vorgeheizten Rohr hellbraun ausbacken und wie einen Kaiserschmarren mit zwei Gabeln so lange zerreißen, bis Äpfel und Teig völlig vermischt sind. Dann ein paar Butterflocken draufsetzen, die Backform noch einmal ins Rohr einschieben und weiterbacken, bis sich knusprige, braune Ränder bilden. Heiß servieren.

*Das Raabtal ist nicht nur für seine zahlreichen Kernölmühlen bekannt, sondern auch für seine ertragreichen Obstkulturen.

Im steirischen Obstgarten

Die Maschanzkeräpfel, so versicherte schon der alte Blumendoktor Eipeldauer, gedeihen nirgendwo anders so herrlich wie auf den luftfeuchten Steilhängen des steirischen Südens. Man findet hier aber auch Edelsorten wie Gravensteiner, Cox Orange, Jonagold und MacIntosh, um nur einige der populärsten zu nennen, die neben raren Uraltsorten wie Glocken- und Holzapfel, Schafnase, Ilzer Rose und Bohnapfel hierzulande angebaut werden. In der Haidegger Landesversuchsanlage für Obst- und Weinbau werden insgesamt etwa 350 verschiedene Apfelsorten kultiviert. Und eine eigene „Apfelstraße" sorgt mit einem opulenten Angebot an Apfelsäften, -mosten, -bränden und delikaten Apfelgerichten dafür, dass das Interesse an der steirischen Apfelwelt auch unter den zahlreichen Besuchern nicht erlischt.

Joglländer* Apfelkuchen

Zutaten

Für den Teig:

200 g Mehl
100 g Butter
30 g Staubzucker
2 Eidotter

Für den Belag:

4 nicht zu saure Äpfel
2 EL Rosinen
2 Gewürznelken
1 kleines Stückchen Zimtrinde
100 g Kristallzucker
2 EL Zitronensaft

Zum Überbacken:

3 Eiklar
2 EL Zucker

Zubereitung

Zuerst aus Mehl, Butter, Zucker und Dottern einen geschmeidigen Teig kneten, diesen in Alufolie einschlagen und etwa 1/2 Stunde im Kühlschrank rasten lassen. Inzwischen die geschälten, entkernten und in Scheiben geschnittenen Äpfel mit den angegebenen Zutaten (und notfalls etwas Wasser) zu einem sämigen Mus verkochen. Nelken und Zimt entfernen. Das Backrohr auf 220 °C vorheizen.
Den Teig auf einem Blech auswalken und circa 5 Minuten hellblond vorbacken. Das heiße Mus gleichmäßig auf den Teig streichen. Zucker und Eiklar zu Schnee verschlagen, den Kuchen damit überziehen und im Rohr fertig backen, bis der Eischnee eine goldbraune Farbe angenommen hat.

Unser Tipp

Wenn Sie unter die Apfelmasse vor dem Überziehen mit Eischnee noch zwei Esslöffel stiftelig geschnittene Mandeln mischen, wird der Kuchen noch feiner.

* Das oststeirische Joglland ist für seinen Apfelreichtum und seine Apfelstraße bekannt. Der seltsame Name „Joglland" geht auf Kaiserin Maria Theresia zurück, die sich bei einer Inspektionsreise darüber wunderte, dass fast alle Männer, die sie nach deren Namen fragte, mit „I bin da Jogl" antworteten.

Liezener* Festtagstorte

Zutaten

130 g Butter
300 g Mehl
150 g Zucker
130 g geriebene Mandeln
1/2 Päckchen Backpulver
1 Ei, Zimt
etwas Wasser

Für den Belag:
beliebige Marmelade
oder Kompottfrüchte
zum Bestreichen
2 EL geschmolzene Butter
Mandelsplitter
Hagelzucker
Zimt

Zubereitung

Die Butter mit dem Mehl abbröseln und mit sämtlichen Zutaten rasch zu einem geschmeidigen Teig verarbeiten. In Klarsichtfolie einschlagen und 1/2 Stunde kühl rasten lassen. Den Teig nun so groß ausrollen, dass einerseits eine Springform mitsamt Rand damit ausgelegt werden kann und andererseits noch genügend Teig für einen Deckel übrig bleibt.

Den Boden sowie den Rand der Springform mit Teig auslegen, mit Marmelade oder Kompottfrüchten großzügig bestreichen.

Restlichen Teig als Deckel darauf legen, diesen mit geschmolzener Butter begießen und mit Mandelsplittern, Zimt und Hagelzucker bestreuen. Backrohr auf 180 °C vorheizen und die Torte goldgelb backen.

*Liezen ist einer der Hauptorte des steirischen Ennstals, das mit Recht für seine gute Küche bekannt ist.

Osterpinze

Zutaten

30 g Germ
1/2 kg griffiges Mehl
1/4 l Milch
80 g Staubzucker
120 g Butter
2 Eidotter
1 Ei
Salz
1 Messerspitze Muskatnuss
etwas geriebene Zitronenschale
2 EL Rosinen
Butter für das Backblech
1 Eidotter zum Bestreichen

Zubereitung

Aus Germ, 1 EL Mehl, 3–4 EL Milch sowie 1 KL Zucker ein Dampfl anrühren und dieses zugedeckt zur doppelten Höhe aufgehen lassen. Butter mit Dottern, Ei, Staubzucker, Salz und Aromaten schaumig rühren, mit Mehl, Dampfl und restlicher Milch vermengen und den Teig schlagen, bis er glatt und geschmeidig ist. Rosinen einarbeiten, mit einem feuchten Tuch abdecken und nochmals aufgehen lassen. Danach den Teig zu einer glatten Kugel durcharbeiten, auf ein befettetes Backblech legen und noch einmal zugedeckt aufgehen lassen. Hat die Teigkugel ihr Volumen noch ein weiteres Mal sichtbar vergrößert, mit Dotter bestreichen, dreimal tief einschneiden und nochmals 15 Minuten zum Aufgehen beiseite stellen. Backrohr auf ca. 170 °C vorheizen und Pinze etwa 30 Minuten backen.

Unser Tipp

In vielen Gegenden der Steiermark setzt man in die noch nicht ganz fertig gebackenen Pinze ein (nicht zu hart gekochtes) Osterei und bäckt es die letzten zwei bis drei Minuten mit.

Ausseerländer Sonnwendkrapfen*

Zutaten

300 g Mehl, 40 g Zucker
3 Eidotter
40 g Butter
20 g Germ
eine Prise Salz
ein Schuss Schlagobers
ein Schuss Kirschwasser
reichlich Butter- oder Schweineschmalz zum Ausbacken
Staubzucker zum Bestreuen

Zubereitung

Gesiebtes Mehl, Eidotter, Zucker, Butter, Germ und etwas Salz zu einem festen Teig verarbeiten, den man mit etwas Schlagobers und einem Schuss Kirschwasser nach Belieben noch etwas geschmeidiger machen kann. Teig zugedeckt an einem warmen Ort aufgehen lassen. Einen Schöpflöffel leicht mit Wasser benetzen und damit runde Krapfen ausstechen. Währenddessen das Schmalz erhitzen und die Krapfen darin beidseitig goldbraun backen.
Die Krapfen werden vor dem Servieren – entweder warm oder ausgekühlt – mit Staubzucker bestreut.

Unser Tipp

Damit die Krapfen besser „rutschen“, können sie mit Marillenmarmelade gefüllt oder mit flüssigem Butter-Honiggemisch bestrichen werden – vorausgesetzt man sorgt dafür, dass sie auch eine entsprechende Mulde dafür haben.

* Ganz im Gegensatz zu den meist sehr einfachen Steirerkrapfen aus Mürbteig kommen in diesem Rezept neben der einstmals kostbaren Germ mit Schlagobers und Kirschwasser auch festliche „Luxuszutaten“ zum Einsatz. Und statt im früher bevorzugt verwendeten Rinderschmalz werden die goldgelben Krapfen heute fast ausschließlich in Butter- oder Schweineschmalz ausgebacken.

Spagatkrapfen*

Zutaten

1/2 kg glattes Mehl
1/4 kg Butter
5 EL Schlagobers
5 Eidotter
kräftiger Schuss Rum
Prise Salz
Schmalz zum Backen
Zimtzucker zum Bestreuen

Zubereitung

Das gesiebte Mehl auf einer Arbeitsfläche zu einer Mulde formen, Butter hineinbröseln und mit Schlagobers, Eidottern, Rum und einer Prise Salz zügig zu einem glatten Mürbteig verkneten. Teig in eine Klarsichtfolie einschlagen und 1 bis 2 Stunden kühl rasten lassen.
Danach möglichst dünn, etwa 3 bis 5 Millimeter, auswalken und in Vierecke von etwa 8 x 10 cm schneiden.
Die Teigstücke auf eine Spagatröhre binden oder in eine Spagatform einklemmen. Schmalz in einer tiefen Pfanne erhitzen und die Spagatkrapfen darin goldgelb backen.
Aus dem Fett heben, Fett gut abtropfen lassen, Form entfernen und Krapfen vor dem Servieren mit Zimtzucker bestreuen.

*Ihren Namen verdanken diese knusprigen Krapfen ihrer Zubereitungsmethode, da sie früher mit einem Spagat an die Form gebunden wurden. Heute verwendet man zumeist Spagatkrapfenformen, in die der Teig nur mehr eingeklemmt werden muss.

Krapfen, Nudeln, Strauben

Das „steirische Klima" war immer schon anders als anderswo, und in gewisser Weise gilt das auch für die steirische Küche, in der die Gesetze der Wiener und süddeutschen Küche nur bedingt Gültigkeit haben. So wird beispielsweise die „steirische Nudel" – im Gegensatz zu so ziemlich allen anderen Nudeln der Welt – nicht aus Nudel-, sondern aus Brot- oder Germteig zubereitet. Das geht auf die Zeit vor der Einführung der flüssigen Bierhefe im 17. Jahrhundert zurück. Damals wurde – speziell im oststeirischen Joglland – für die Nudel – damals Ura oder Zeig genannt – aus alten Teigresten eine Art Germteig zubereitet. Aus den Jogllànder Urakrapfen entwickelte sich dann im Lauf der Zeit „die" steirische Nudel aus dem Koralpengebiet. Diese Nudel wird bis heute aus luftig gebackenem Brot- oder Germteig hergestellt und in einer gut befetteten Rein ausgebacken. Wichtig ist, dass dabei die Kruste nicht knusprig, sondern schön duftig bleibt. Die Nudel wurde früher dann in grobe Brocken gebrochen und in „Läutrach", also Rückstände von geläuterter oder ausgelassener Butter, getunkt.

Anders als anderswo ist auch der steirische Dampfnudel. Darunter versteht man in der Grünen Mark einen über Wasserdampf gegarten Germknödel aus Roggenbrot- oder Weizengermteig, der oft mit Mohn und Butter gegessen wird.

Es passt zum dickköpfigen steirischen Wesen, dass auch die steirischen Krapfen hier anders schmecken als etwa in Wien, Niederösterreich oder Tirol. Zum Ausbacken der Krapfen – die meistens nicht aus Germ-, sondern aus Mürbteig gemacht wurden – verwendete man hier nämlich kein Schweineschmalz, sondern Rinderschmalz oder Butter. Wenn die Steirer etwas in Schweineschmalz herausgebacken haben, so waren dies (so es sich nicht um Backhendln handelte) keine Krapfen, sondern Strauben, die heute noch – je nach Region – aus einfachem Strauben-, Nudel- oder Germteig gemacht, verschieden gerollt oder in quadratische Stücke geschnitten und in heißem Schweinefett herausgebacken werden.

Kroatzbeerschaumschnitten · *Rezept S. 91*

Spagatkrapfen · *Rezept S. 99*

Grazer Triet

Zutaten

1 Vanilleschote
450 g Kristallzucker
100 g Butter
8 Eier
600 g Mehl
Butter zum Ausstreichen des Blechs
0,7 l Zweigelt
(oder anderer Rotwein)
Schale einer Zitrone
1 Stückchen Zimtrinde
2 Gewürznelken
geschlagenes Obers als Garnitur

Zubereitung

Das Backrohr auf 180 °C vorheizen. Die Vanilleschote mit einem scharfen Messer auskratzen und das klein gehackte Mark mit Zucker, Butter und Eiern schaumig rühren. Dann nach und nach Mehl langsam unterrühren, bis ein dickflüssiger, aber doch kompakter Teig entsteht. Auf ein befettetes Backblech daumendick auftragen und etwa 25 Minuten backen. Triet erkalten lassen, in Schnitten schneiden und diese im heißen Backrohr oder einer Teflonpfanne kurz aufbähen. Inzwischen den Zweigelt mit den Aromaten erhitzen, bis er zu schäumen beginnt. Die Triet auf Suppenteller verteilen und den Glühwein durch ein Sieb darüber seihen. Kurz durchziehen lassen, bis der Teig die Flüssigkeit nahezu aufgesogen hat, und portionsweise, eventuell mit etwas Schlagobers garniert, kalt servieren.

Unser Tipp

Statt der Vanille kann man selbstverständlich auch ein bis zwei Päckchen Vanillinzucker verwenden.

Schilchersektbowle

Zutaten

1 kg Erdbeeren
3 EL Zucker
4 EL Wacholder- oder Vogelbeerschnaps
4 EL Beerenbrand
1 Flasche Schilchersekt

Zubereitung

Die Erdbeeren gründlich waschen, entstielen, in mundgerechte Stücke schneiden, in ein Bowlegefäß geben, zuckern sowie den Schnaps dazugießen. Zwei bis drei Stunden an einem kühlen Ort durchziehen lassen und dabei immer wieder umrühren. Vor dem Servieren mit eisgekühltem Schilchersekt auffüllen. Jeweils einen kleinen Schöpflöffel Erdbeeren auf Sektschalen verteilen und mit der Bowle aufgießen.

Klapotetz-Bowle

Zugegeben: Der Schilchersekt ist nicht wirklich ein traditionsreiches Getränk, sondern eher ein Produkt jüngeren Datums. Andererseits ist er im Zeichen des Klapotetz entstanden – und der ist und bleibt nun einmal das Symbol für das steirische Weinland schlechthin. Auch wenn es immer seltener die Vögel verscheucht und dafür immer häufiger die Touristen anlockt, so ist das typische steirische Weinrad doch ein Wesensmerkmal der Landschaft. Rein technisch gesprochen ist der Klapotetz ein von slowenischen Weinbauern konstruiertes, langspeichiges Windrad, das die Funktion einer musikalischen Vogelscheuche besitzt. Der durchschnittliche Klapotetz ist zwischen drei und vier Meter hoch und besteht aus einem Schlagbrett, einer zumeist aus einem breiten Birkenbuschen hergestellten Windfahne sowie sechs bis acht an einer Welle befestigten Schrägflügeln, die den ganzen Mechanismus durch die Windkraft in Gang setzen und mit Hilfe von vier beweglichen, hämmerchenartigen Achsenzungen jenes typische Klopf-auf-Holz-Geräusch erzeugen, das im Sommer und Herbst den Rhythmus der Weinberge lautmalerisch unterstreicht. Wie jedes Musikinstrument hat auch jeder Klapotetz – je nach Größe, Holzstärke und Holzart – seine ganz persönliche „Stimmung". In jedem Fall muss das als eigentlicher Tonträger dienende Schlagbrett aus dem Holz eines Steinobstbaumes hergestellt werden, wobei die bewussten Obertöne vor allem mit Brettern aus Kirschen-, Zwetschken- und Kriecherlholz erzeugt werden. Schlagbretter aus Vogelkirschholz wiederum verleihen der hölzernen Drehleier – so wissen es jedenfalls die musikalischeren unter den Winzern zu berichten – einen besonders hellen Klang.

Kleines Steirisches Kuchl-ABC

Abbröseln – Mehl mit einer Flüssigkeit (Milch, Wasser etc.), Butter oder Rahm zwischen zwei Finger zerkrümeln

Apfelbalsamicoessig – steirische Essigspezialität, die, ähnlich wie der Balsamicoessig aus dem italienischen Modena, oft jahrelang in Holzfässern gelagert wird

Brein – Rollgerste

Gaishorner Emmentaler – berühmter steirischer „Weltmeister"-Emmentaler

Häferlsterz – Sterz (dicker Brei) aus Erdäpfeln, der früher auch gerne mit süßer Milch gegessen wurde

Heckenklescher – Ausdruck für einen besonders sauren Wein

Heiden- oder *Hoadnmehl* – Buchweizenmehl

Hoadnsterz – landestypisches Breigericht aus Buchweizenmehl, das oft etwa auch mit Eierschwammerln (Schwammerlsterz) kombiniert wird

Kernöl – typisch steirisches, aus Kürbiskernen gepresstes Speiseöl mit angenehm nussigem Geschmack und intensiv dunkelgrüner Färbung

Klachelsuppe – typisch steirische gebundene Suppe mit einer Einlage aus gekochten Schweinshaxeln, die oft irrtümlich als Klacheln bezeichnet werden

Klapotetz, Klapotez – hölzernes Windrad in den Weingärten, das ursprünglich die Vögel vertreiben sollte. Mittlerweile ist es zum steirischen Buschenschanksymbol geworden

Krenfleisch, auch: *steirisches Wurzelfleisch* – steirische Spezialität aus gekochtem Schweinefleisch mit Gemüse und frisch gerissenem Kren

Kroatzbeer – steirischer Ausdruck für Brombeere

Kropfrübe – alter steirischer Ausdruck für Erdapfel

Morillon – steirischer Ausdruck für Chardonnay

Polenta – Maisgrieß, in der Steiermark auch: Türken

Saubohnen – auch Acker- oder Puffbohnen, die wegen ihres kräftigen Geschmacks in der steirischen Küche äußerst beliebt sind

Schilcher – zwiebelfarbener, roséartiger Wein aus der Blauen Wildbacherrebe mit typischer, kräftiger Säure

Schweinsfischerl – Schweinslungenbraten oder -filet

Steirerkas – magerer steirischer Kochkäse (nicht zu verwechseln mit Ennstaler Steirerkas, der ebenfalls ein Magerkäse ist, aber anders zubereitet und gereift wird)

Steirisches Poulard – Masthuhn, das wegen seines saftigen, g'schmackigen Fleisches besonders als steirisches Backhendl geschätzt wird

Sterz – steirisches, breiartiges Gericht aus Buchweizenmehl oder Maisgrieß, das je nach Vorliebe pikant oder süß gereicht wird

Strauben – gezuckertes, in Fett ausgebackenes Butterteiggebäck, das gern zum Wein gereicht wird

Styria-Beef – steirisches, hochwertiges Rindfleisch mit besonderer Qualitätsgarantie, zählt zu den besten Rindfleischsorten Österreichs

Trautenfelser – berühmter steirischer Edelpilzkäse

Triet – steirische Süßspeise aus relativ trockenem Gebäck, das in aromatisiertem Glühwein eingeweicht wird

Türkensterz – landestypisches Breigericht aus Maismehl (Polenta)

Verhackert – typisch steirischer Brotaufstrich aus faschiertem und gewürztem Speck

Weckerl – längliches, kleines Gebäck

Woaz oder *Waiz* – steirischer Ausdruck für Mais bzw. Türken

Kamm
Tristel
Dicker Spitz
Ried
Beiried
Lungenbraten
Kruspel-Spitz
Rieddeckel
Zwerch-Ried
Zwerch-Spitz
Schulterschwanzel
Brustkern
Dicker Kügerl
Mittleres Kügerl
Dünnes Kügerl
Bauchfleisch
Dicker Schlepp
Dünner Schlepp